別人
迷茫的時候，
你前進！

勝利是一時的，失敗是難免的，唯有永不屈服的意志力，
才能讓你在多數人迷茫的時候，不畏挑戰、勇敢前進！

羅輯思維——人物篇

羅振宇——著

Contents

第6章 項羽：神經質的性情少年

第7章 嘉靖：知分寸的權謀高手

第8章 朱高煦：惡之花結成的惡之果

第9章　崇禎：起早貪黑辛辛苦苦走上破家亡國的不歸之路

理想主義的感召力非常強大，人人仰望，
但是也讓每一個人的預期超過了他的現實力量。

理想主義總是有一種自我完美的傾向，
這就會導致它必須忽略一部分現實。

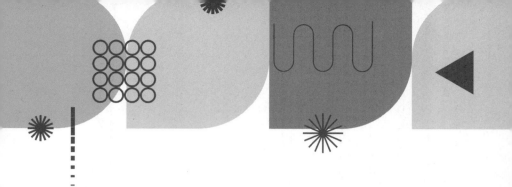

第 1 章

威爾遜
一個理想主義者的悲劇

威爾遜是一個理想主義者。
理想主義者在遠處的人看起來，簡直就是照亮黑暗世界的燈塔。
但是在身邊人看起來，難免固執，不切實際。

引言

美國總統威爾遜可不是一般的政客，他是一個地地道道的學者，美國普林斯頓大學的校長，在教育界非常有名，是一名法學家和政治學家。以純粹的學者身分入主白宮當總統，這在美國歷史上還是第一次。

威爾遜身上有著強烈的、學者特有的理想主義色彩。這其實也不是威爾遜自己的特點，那個時代的美國就是這麼個勁頭——我是幾百年前從歐洲離家出走的不肖子孫，我憑著自己的努力在外面發展得不錯，我現在GDP世界第一，證明我的道路是正確的。

第一次世界大戰，一九一九年威爾遜去歐洲參加巴黎和會。國內有很多反對的聲音。反對什麼？這些人認為美國總統在任期內不應該訪問歐洲，歐洲有一群陰謀家，你去參加吵吵嚷嚷的談判，是自降身價，會損害美國的道德權威。美國有著強烈的道德優越感，端著架子。當時有一位刻薄的英國外交家評論說，威爾遜來歐洲參加巴黎和會，就像是一位初次參加社交舞會的少女。

確實，威爾遜有自己驕傲的理由：兩個方面，第一，沒有美國的參加，你們協約國能打贏德國嗎？我是你們的恩人。你再看看你們歐洲的家底，仗打完了，歐盟總共欠美國政府超過七十億美元的債務，這還不算欠美國銀行的三十五億美元，我有話語權；第二，美國既不要賠款，也不要割地，更不想懲罰誰，我就是來重建世界的，我有道德制高點。

這個話語權和道德制高點，體現在一份文件裡，那就是威爾遜的《十四點和平原則》：

（1）公開訂立和平條約，無秘密外交；
（2）無論戰時與和平時期，公海航行絕對自由；
（3）取消國家間的經濟障礙並建立貿易平等條約；

（4）充分互相保證，各國軍備必須減少至保證本國內部安全的最低水平；
（5）調整對殖民地的要求，平等對待殖民地人民；
（6）德軍撤出俄國，調整俄國問題；
（7）德軍撤出比利時，恢復比利時之獨立性；
（8）德軍撤出法國，亞爾薩斯和洛林也歸還法國；
（9）根據民族性原則，重新調整義大利邊界；
（10）奧匈各族自治，允許獨立；
（11）同盟國撤出羅馬尼亞、塞爾維亞和蒙特內哥羅；
（12）顎圖曼帝國的民族自決；
（13）恢復波蘭之獨立性；
（14）成立國際聯盟以維持世界和平。

其中最重要的是三點：第一，民族自決，誰的事誰作主，強大國家不能欺負弱小民族；第二，以後不搞秘密外交，有事放在檯面上說；第三，成立一個國際聯盟，以後國家之間再有矛盾，別喊打喊殺，討厭。就像美國有聯邦政府和最高法院一樣，有矛盾找國聯。

這份原則，有的很實，比如德國要歸還亞爾薩斯和洛林，波蘭要重建成一個國家，等等；有的很虛，比如反對秘密外交，保障自由貿易，裁減軍備，平等對待殖民地人民。最重要的一條，對全世界都有吸引力——民族自決。各個民族應該自己成立國家，管理自己。

01

當原則遇到現實

當時可是個弱肉強食的時代，全世界都有人憑著拳頭硬欺負弱者。這個時候突然出現美國這樣一個大漢，身強體壯，還有道德感召力，突然大喊一聲，誰也不許欺負人，各家人管好各家的事，誰也不許強占別人家的地盤。這不簡直是包青天再世嗎？

聽著挺好吧？但是理想主義一旦到了現實中，會遇到各種具體問題。

比如，威爾遜認為，一個界限清楚的民族，就應該自治。問題是，什麼才叫「界限清楚」的民族？波蘭人很明顯，應該成立一個國家。那麼烏克蘭人？斯洛伐克人？還有那些細分出來的人？例如烏克蘭裡的天主教徒，或者波蘭新教徒？他們都覺得自己和其他的烏克蘭人和波蘭人不是一回事，他們也該自治、成立一個國家嗎？這麼分下去就沒有個頭兒了。

尤其是在中歐，過往的歷史讓宗教、語言以及文化亂成了一鍋粥。當地大概有一半的人口有好幾種少數民族身分，該把他們分到哪個國家？比如在巴黎和會剛開始的時候，就有一幫斯洛維尼亞的白鬍子老頭，組成了一個代表團去找美國請願，說我們生活在斯洛維尼亞，巴爾幹北部，但是我們這個鎮上，六萬人都說德語，我們說德語已經超過七百年，我們可不願意加入南斯拉夫，更不願意併入德國。按照威爾遜的民族自決原則，我們人太少，也不能成立一個國家，我們申請與美國合併，行不行？這不是胡鬧嗎？

還有的情況，比如說愛爾蘭，當時歸英國管轄。但是很多愛爾蘭人就想獨立，也跑到巴黎請願。威爾遜說要民族自決，你來給我們主持公道。威爾遜說這個不能支持，愛爾蘭屬英國內政。那為什麼到愛爾蘭人就不行？威爾遜給的理由也很奇葩，說英國是一個民主國家，你們愛爾蘭人生活在一個民主國家中，可以通過民主的方式解決問題。這話明顯不講理，那也就是說，一個英國這樣的民主國家，併吞了哪個民族，哪個民族就不適用威爾遜說的「民族自決」原則。這不是強盜邏輯嗎？

還有一點，也是當時大家極力主張的一個做法，叫全民公決。這個地方的事務歸屬哪個國家，這樣的大事由當地人通過國際監督的不記名投票方式來解決。聽起來也對是吧？

但是在實際中，會發生什麼。誰可以投票，是只允許男性，還是女性也可以？是只有居民可以，還是只要是在爭議地區出生的人都可以？這些問題都是具體問題，原則都說不清楚。

如果按照全民公決的方法，法國人就沒有辦法收回他們的亞爾薩斯和洛林。為什麼？這兩個地方，原來歸屬於法國，普法戰爭法國失敗了才割讓給了德國，但是德國統治這兩個地方之後，把當地說法語的人給趕了出去，又讓德國人往那兒移民。現在要在這個地方搞全民公決，那只能是留在德國。法國怎麼會同意？

更有甚者，民族自決原則要想落地，至少每個人都得知道自己屬哪個民族吧？事實上，並不是每個人都知道。一九二〇年，在白俄羅斯地區，俄羅斯人、波蘭人、立陶宛人、白俄羅斯人和烏克蘭人混居，有一位外部調查員詢問一位農民的身分，你是哪個民族？他得到的答案是：無論在哪兒我都是個天主教徒。對，很多人都不關心自己的民族身分，以民族來劃分身分認同，這是一個現代社會的概念，但對於很多人來說，其實並不適用。

一九一九年末，威爾遜回到美國之後，對國會說當初我用這種表達方式，所有民族都有權自決，我沒有意識到有如此多的民族會接連不斷地找上我們。當時在歐洲甚至還有一個陰謀論——義大利的外交大臣桑尼諾說戰爭本來就已經讓民族意識變得瘋狂，現在美國又把這個原則說得這麼清楚，這也許就是為了煽動這種意識吧？美國的好心，被理解成了搗亂。

不僅是外人。威爾遜的國務卿藍辛也在問，「總統在說『自決』這個詞的時候，心裡想的是個什麼標準？是人種、地區，還是團體？」藍辛認為，威爾遜想出這個詞是場災難。他這樣說：「這種說法只會帶來永遠無法實現的希望，我擔心千萬條生命會因此葬送。有人為了這個原則會不惜訴諸武力，但理想主義者無視這種危險，等意識到這一點時，一切都太遲了。最終『民族自決』這個詞必然落得萬眾唾棄，被人們當成理想主義者的春秋大夢。」

一個看似絕對正確的原則，往往具有很大的道德感召力，很多人走到這裡，就已經非常陶醉了。但是，距離這些原則變成現實，還有太遠的距離。

02 不切實際的內在缺陷

這還不是威爾遜理想主義悲劇的全部，理想主義還有兩種內在的邏輯缺陷。

第一個矛盾，就是理想主義表面上會整合大家的意見，誰不歡迎理想？尤其是那些美好的理想。但是理想主義有一個副作用，就是它實際上擴大了潛在的矛盾。

威爾遜剛開始給全世界的希望是巨大的，美國強大，有道德優越感，主張各民族自治，主張成立國際聯盟解決爭端，我們現在聽起來也覺得是一套很完美的方案。處在那個時代的人，當然會對喊出這樣主張的大哥抱有期待。

威爾遜來到巴黎的時候，全歐洲的廣場、街道、火車站、公園都貼著威爾遜的名字。海報上用碩大的字寫著「我們要威爾遜那樣的和平」。義大利士兵在他的畫像前下跪，法國名人爭相在報紙上讚美威爾遜。全世界從阿拉伯到波蘭，從希臘到中國，所有要爭取民族獨立的人都指望威爾遜和美國主持公道。

一個理想主義者，特別容易被這種山呼海嘯般的稱頌迷惑。這種稱頌背後是什麼？是更高的利益期待。理想主義的感召力非常強大，人人仰望，但是也讓每一個人的預期超過了他的現實力量。現實世界的均衡是要靠妥協來實現的，但是有了這種理想主義的旗幟，每個人的利益訴求都被調高了，達成現實中的妥協就更難了，期望和期望之間的裂縫越扯越大。

舉個例子。德國人在一戰後願意停戰，其實也和威爾遜的《十四點和平原則》有關。

第一次世界大戰打到一九一八年，德國雖然筋疲力盡，但是並沒有失敗，德國的軍隊還是在法國領土上。威爾遜的《十四點和平原則》一公布，德國一看，不錯。新來的美國大哥也不主張我賠償，他宣布的各項理想舉措也聽起來那麼美好，在這個基礎上，不打也行。戰後反正有美國人主持公道，德國不至於太吃虧，這才同意停戰。威爾遜的理想主義給了德國人不切實際的期待。

可是哪有那麼便宜的事？你打完撤軍了不賠償，法國人怎麼可能答應？等到巴黎和會結束，拿出最後的停戰協定讓德國簽字時，又是巨額賠償、裁軍繳械，又是領土切割，德國人當然有一種上當受騙的感覺。二十年後希特勒發動第二次世界大戰前，就反覆強調德國並沒有失敗，是一系列人在背後捅刀子。希特勒指的人，是不是就可能包括美國總統威爾遜？

不只是德國失望，巴黎和會的結果是英國也失望、法國也失望、全世界弱小民族都失望，包括我們中國在內，本來指望有美國主持公道，可以收回被日本占領的山東，最後也很失望。

理想主義點燃了希望，獲得了掌聲，開局很好，但是它也讓各方面的期望值過高，現實世界的矛盾就更難彌合。其實在去巴黎的路上，威爾遜就說了自己的擔心，他說：「我好像看到了一場辜負眾望引發的悲劇。我真心希望是自己感覺錯了。」威爾遜說得沒錯，美國確實拿自己的理想主義辜負了全世界的期望。

這是理想主義的第一個內在邏輯缺陷。還有第二個，理想主義總是有一種自我完美的傾向，這就會導致它必須忽略一部分現實。比如，你想要畫一個理想的圓形，這只能在腦海中構想，一旦回到現實，它就沒有那麼圓了。你為了完美的圓形，放棄在紙上畫，忽略一切真實的圓形。

再舉一個巴黎和會期間的例子。

法國一直想給威爾遜安排一次戰地巡視。為什麼？很簡單，威爾遜從來沒有見過一戰的戰場，他無法想像法國打得有多慘。

當時在法國北部，一眼望過去，全是彈坑、戰壕、一排排的十字架，簡直是墳地。法國有一萬五千五百平方公里被徹底毀掉了，這是多大？大概就是今天整個北京直轄市這麼大一片地方。戰前那裡可是法國20%的農作物、90%的鐵礦石和65%的鋼鐵出產地。現在農田連帶礦山、工廠被夷為一片平地。在戰爭最慘烈的凡爾登地區，幾乎是打得寸草不生。而對比一下德國，德國雖然戰敗，但是境內基本沒有受損失。工廠都在，恢復經濟能花多長時間？

法國人還有一個更深遠的擔憂，就是人口。那個時代的人看待戰爭，其實就是雙方往戰場上投放多少人力，人力本質上就是戰爭能力。

德國人口本來就比法國多，出生率還高，從長遠看，德國的戰爭潛力比法國要好得多。第一次世界大戰，法國陣亡人數是一百三十萬，對於一個總人口四千萬的國家，這本來就是一個駭人聽聞的數字，但是實際情況比這還要嚴重。第一次世界大戰的時候，軍隊還有傳統道德的基本約束，不屠殺平民，陣亡的人全是年輕的軍人。法國年齡在十八歲到三十歲之間的男子，在戰爭期間死亡了四分之一，這就嚇人了吧？因為法國是前線，法國受傷的人尤其多，是其他國家的兩倍。

在這種情況下，法國做為戰勝國，當然要利用暫時的優勢玩命壓制德國。這個時候不壓制，以後就更沒機會了。這不完全是意氣用事，是法國出於自己國家利益的長遠考量才有這樣的政策基調。

03

化為泡沫的理想悲劇

回到前面介紹的，為什麼法國人希望威爾遜能去戰區看看？就是希望他能親眼看到法國的這種慘狀，或許美國人就更能理解法國總理克里蒙梭的那些看起來非常苛刻的要求。但是威爾遜就是不去，而且拒絕得還很氣憤。

威爾遜對自己的人說：「法國人是要讓我看那些被戰爭肆虐過的地區，以為我在看見慘狀之後就會聽任他們的擺布。」他絕不能這樣被人操縱。和平必須平靜地降臨，不能有感情因素。威爾遜還說了一句話：「就算是法國全國都被炸成了一個大彈坑，最後的和解方案也不會因此更改。」

這是一個典型的理想主義的思維方式。為了我要構建的那個理想世界，現實是不值得考慮的，甚至我看都不要看，因為我擔心看了一眼之後，就會在情緒上被操縱。

威爾遜做為一個理想主義者，他本人就有這樣的傾向。他的國務卿藍辛就諷刺他說：「如果和他的直覺不符，哪怕事實就擺在那兒他也會視而不見。這是一種像神一樣的權力，只揀正確的說。」

在巴黎和會期間，法國總理克里蒙梭說過一句話：「我發現，自己就夾在耶穌基督和拿破崙中間。」這言下之意就是，英國人是拿破崙，只想著要利益；而美國總統威爾遜只想著當聖人耶穌，拿著道德優越感欺負人，完全不看現實。

這樣達成的《凡爾賽和約》當然是一個四不像。不是會議時間不夠長，不是在場的政治家不用心，其中一個很重要的原因是，威爾遜帶來的光芒萬丈的理想主義，讓所有來自現實的聲音，都顯得自慚形穢、凌亂不堪，顯得剩下的所有聲音都變成了亂成一團的利益紛爭。但是最後巴黎和會開成了一地雞毛，理想主義的東西只剩下了形式，而現實主義的因素又沒有得到充分的考慮。這樣的巴黎和會，反而為二十年後的另一場災難種下了根。

《巴黎．和會》這本書，專門介紹巴黎和會，威爾遜參加巴黎和會的時候，就是想實現自己的理想主張。這套理想，今天聽起來都很令人神往。在一戰之後的那個時刻，真是烏煙瘴氣中的一股清流。但是結果很可惜，巴黎和會開完了，回頭一看，一條都沒能實現。

你說民族自決，那為什麼要把德國在中國山東的權益讓給日本？中國人在自己的土地上怎麼就不能民族自決？你說不搞秘密外交，那為什麼巴黎和會最後還是開成了三巨頭的小圈子的私人會議？你說，成立國際聯盟，設想是你提的，國際聯盟也成立起來了，到頭來反而是美國自己沒有參加。威爾遜的理想主義，最終變成了一個美麗的水泡。

巴黎和會的歷史，很多人對那幾位和平締造者，對英國首相、法國總理、美國總統總是有微詞。說他們對現實妥協了，沒有實現理想，而且還要對第二次世界大戰的爆發負責任。但是像希特勒這樣的野心家，像日本那樣的軍國主義國家，為了煽動人民，什麼都可以拿來作藉口。這筆帳算到威爾遜他們頭上，這不公平。

說到這兒，你會不會以為我要為威爾遜喊冤？不是的。理想主義者威爾遜還是犯下了一個嚴重的錯誤。這是我看完了《巴黎．和會》這本書，得到的一個很重要的心得。

巴黎和會結束後，威爾遜回到美國。這個時候，他的處境發生了一個變化。在巴黎他是美國總統，就代表美國，但是回到國內，他可不代表美國，有太多的政敵在等著他。最後，他付出半年口舌爭取的所有結果幾乎都付諸東流了。美國國會否決了《凡爾賽和約》，美國提議的國際聯盟成立了，美國也決定不參加。

為什麼？這就得回到威爾遜這個人的性格了。

04

很難跟身旁的人處好關係

威爾遜是一個理想主義者。理想主義者在遠處的人看起來，簡直就是照亮黑暗世界的燈塔。但是在身邊人看起來，難免就是固執，不切實際。威爾遜這個人，在歷史上的評價非常兩極化。法國駐華盛頓大使這樣形容威爾遜：「假如他生在幾個世紀之前的話，會成為全世界最大的暴君，因為他根本不認為自己會犯錯。」這個評價不見得公允，但這是跟他熟悉的人的真實感受。

為什麼？《巴黎．和會》作者麥克米蘭對威爾遜有一段評價：「這個人的品格可以用《聖經》中最高貴的語言來形容，可他對待頂撞他的人又是如此無情；這個人熱愛民主，卻又鄙視多數同行政客；這個人想要為全人類作貢獻，自己卻沒有幾個朋友。這些矛盾該如何解釋？」

其實很好解釋。一個理想主義者，總是容易踏入這樣的陷阱。他們對遠處的人充滿了同情心和感召力。但是，他們對身邊的人，總是要維持道德上的優越感，總是要刻意地高人一等。這種人，自以為在道德上毫無瑕疵，但是也容易招惹來身邊人的仇恨。比如老羅斯福總統就說，威爾遜是「有史以來美國最虛偽、最冷血的一任總統，一個機會主義者」。

其實也不只是威爾遜。我們之前提到的法國總理克里蒙梭，也是這樣的人。對他有這樣一句評價，說他「愛法國，但是恨所有的法國人」。理想主義者總是能吸引遠方的人，甚至能被敵人所敬重，但就是和身邊的人處不好。

威爾遜在選擇參加巴黎和會的美國代表團成員的時候，這一個特點就表現得淋漓盡致。他選的全是自己的身邊人。在美國國內政治中，你威爾遜只是代表民主黨。那些對立面共和黨，他們是支持你參加一戰的，也是想要建立國際聯盟的。現在可好，你自己到歐洲去採摘勝利果實了，共和黨人全被你拋棄了。

共和黨人、也是上屆美國總統塔夫脫就說：「好一群吝嗇小人，他們要是能辦成事情才見鬼了。」共和黨人帶著這種情緒在國內等著，你威爾遜在巴黎奮戰半年，可以預見，不管將來他帶回什麼和平方案，共和黨都會反對他。

跟身邊人處不好關係，這個魔咒在威爾遜身上反覆發酵。

他對自己任命的國務卿藍辛，剛開始各種讚賞，但是到後來相處時間一長，他對藍辛的評價變成了「他沒有想像力，沒有創造力，不管在什麼方面都沒有一丁點真材實料」。

他最親切的密友豪斯，威爾遜稱他是「另一個我」。關係多親密，但是後來這兩個人的友誼也是徹底破滅。

當威爾遜帶著《凡爾賽和約》回國的時候，他的那些政治對手，正在團結起來，給他準備一齣好戲。

其中領頭的人，是共和黨在參議院外交委員會的主席洛奇。洛奇對威爾遜性格上的弱點瞭如指掌。他採取的反對策略，非常聰明。兩點：第一，他要對威爾遜談回來的條約作一點修改，要保護美國的行動自由，不能被英國和法國綁架；第二，他又盛氣凌人地對威爾遜進行人身攻擊。

威爾遜哪兒受得了這個？如果他是一位現實主義的領導人，他可能會冷靜而現實地反擊，一邊反駁洛奇，一邊爭取盡可能多的支持者。因為剛開始他是占優勢的，只要人數過三分之二，《凡爾賽和約》也就在國會通過了，畢竟只是要作一點修改。事實上，協約國也是準備接受這個修改的。

但是，威爾遜沒有，他的理想主義，讓他可以和敵人在談判桌上妥協，但是身邊人的反對卻能激起他的怒氣。威爾遜在參議院的發言人說：「總統不會妥協，哪怕是刪去一個字母。」即使是威爾遜身邊的人也建議他作點妥協，威爾遜的回答仍然是：「讓他們去妥協。」

看吵架這種事總是這樣。誰表現得弱勢一點，旁觀者總是更會同情。洛奇反覆表示，我只是要求一點修改，很節制。而威爾遜的態度倒是不容商量。威爾遜漸漸地丟掉了所有旁觀者的同情。

那威爾遜怎麼辦？還是我們剛才講的，理想主義者的慣常做法。他和身邊人處不好關係，但是對民眾的吸引力很大。一九一九年九月二日，他離開了華盛頓，坐上火車，開始搞全國巡迴演講，想說服民眾支持自己簽訂的《凡爾賽和約》。但是老天爺沒給他這個機會，威爾遜這個時候身體非常不好。到了十月初，威爾遜再一次中風，導致半身不遂。這時候距離他的總統任期結束還有大半年，但是他再也沒能真正地行使總統的職權。他從巴黎帶回來的和約自然也就付諸東流了。這是一個理想主義者的悲劇。

一百年了，我們回顧當年發生的這件事，不得不感慨——

理想主義是個好東西。但是需要注意：第一，如果沒有妥協，理想不能落地；第二，如果不能整合一切力量，尤其是身邊人和自己人的力量，固守底線，妥協就沒有意義。

政治家，要有堅定的理想，
本身就是燈塔，就是旗幟。

政客，在權力的網路中，
必須要拼盡全力獲得其他人的支持。

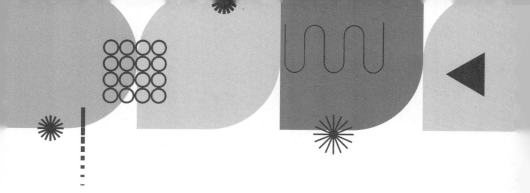

第 2 章
林肯
政客與政治家

他小心翼翼地走在人們的前面，人們慢他就慢，人們快他就快。

引言

你可能會說「政客」這個詞好像帶點貶義，我們沒有這個意思，只是想通過林肯和其他幾位美國總統的故事，告訴你什麼是現實的政治以及現實政治當中人的處境。

林肯這個人對於中國人來說通常是三個印象：

第一，領導了南北戰爭；

第二，是一個堅定的廢奴主義者；

第三，他是一個平民總統。

沒錯，今天我們想要強調的就是他的第三點。

你有沒有覺得奇怪？在林肯之前的十幾任美國總統，基本都是大紳士、大精英、大政治家，比方說華盛頓、傑佛遜，都是維吉尼亞著名的莊園主，家大業大，然後功勳卓著，在當總統的時候頭上戴滿了桂冠，兩人任職後退老還林，然後享受各界的膜拜，都是那樣的人。

唯獨林肯這個人，是普通人逆襲，他出身很窮苦。在一八六〇年競選總統之前，他就在伊利諾州當一個小律師。那麼他是在什麼樣的機制下，在一八六〇年突然就勝出了？我們下面來詳細介紹。

01 平民律師逆襲美國總統

我們先說第一個原因，是偶然，人走運了誰也攔不住。林肯走的什麼運？就是當時共和黨和民主黨這兩派的爭奪，突然出現了一個偶然性的縫隙。我們先看共和黨這邊，共和黨之內的那些大佬，西華德、蔡斯、貝茨都是為總統寶座做了幾十年精心準備的，在國會上人脈深厚，不是當過州長就是當過參議員，要不就起草過重要文件。可是這些大佬們有一個重要的缺陷，就是在當時美國競選的兩個關鍵州，這三個人都沒有必勝的把握，一個是路易斯安那州，一個是賓夕法尼亞州。

林肯在這兩個州的基礎不錯，他的競選團隊就拚命地告訴共和黨的這些代表說，林肯這個人厲害，林肯這個人厲害。一八六〇年，共和黨在芝加哥開大會推選總統候選人的時候，就反覆琢磨，黨內就拿不定主意。後來經過三輪投票，最開始林肯根本就不在名單上，一直到第三輪投票，林肯才以微弱優勢勝出。

但這只是共和黨這邊，還有民主黨。正好一八六〇年民主黨發生了一次大分裂，當時民主黨呼聲最高的總統候選人是一個叫道格拉斯的人，號稱「小巨人」，身材矮小，只有拿破崙那麼高，但是這個人的政治威望極高，跟林肯進行過著名的七次辯論。但這個人並不是堅定的蓄奴主義者，那麼他跟林肯辯論什麼？他主張各州有決定自己是否成為蓄奴州的權力，但他其實也痛恨奴隸制度。道格拉斯和典型南方奴隸主們，也就是和民主黨內的那些大佬們貌合神離，後來發生了分裂。

共和黨擰成了一股繩，民主黨發生了分裂，最終共和黨贏了。可是你去看一八六〇年的競選結果，是一個非常古怪的結果。首先林肯得到的美國選民的選票只占百分之三十幾，如果對美國政治制度瞭解一點的話，你就會知道美國有一種選舉人制，這一州你只要贏了，這一州所有的選舉人票贏家通吃。林肯雖然說在全民當中只得到百分之三十幾，但是他選舉人票多，他贏了。

可你再去看選舉結果，所有的南方州選舉人票，林肯一票都沒有拿到，林肯當時的位置不僅從競選結果上看，他是一個弱勢總統；從他的出身和來歷來看，他也是一個弱勢總統，因為他不是一個典型的政治家，此前的布坎南、昆西·亞當斯、門羅，都是精英政治家，唯獨到了林肯的時候，出現了一個平民政治家。一個平民政治家，雖然我們前面講了很多偶然因素，那有沒有必然？當然有。那就是美國政治、民主政治成熟帶來的一個結果，林肯他老爹就是一個典型的美國拓荒者，先到肯塔基，再到路易斯安那，再到伊利諾，每到一處都是重新蓋房子，重新燒荒，重新砍樹、種田，等等。林肯小時候生活非常苦，是一個典型的美國開拓者家庭出來的人，什麼苦活累活都幹過。但是當民主政治成熟之後，選票在誰手裡？底層老百姓手裡，像華盛頓、傑佛遜那一代人，身為紳士，有很高的名望，有很好的道德，有堅定的政治理想。但這一套在真正的民主政治的時候，發現玩不轉了。而相反，像林肯這樣的人，他就玩得轉。

林肯在競選的時候，他會讓他的一些班子，把一些劈開的木頭放在競選的現場，就是要告訴別人，我是幹苦力活出身，我跟你們都一樣，都是平民百姓。林肯的兒子曾經跟他說過，老爹，你把那些木頭擱在那兒，丟人吧？人家競選總統，都是大政治家，你搞一批木頭。林肯說無妨，無妨，就擱在那兒。

這是第一個通過向底層民眾進行身分上的靠攏獲得政治勝利的案例。你如果再去看美國當時的政治生態，也有一些其他的變化，比如說新聞界。美國那麼大的國土，有的時候政治意願的傳達，政治訊息的傳播，都是要靠新聞界。推薦大家看一篇馬克·吐溫的魔幻寫實主義小說，寫的是當時的美國政治，叫《田納西的新聞界》，你就知道當時的輿論爭奪是多麼厲害，甚至說是多麼沒底線。

林肯的競選就發生在那個時候，林肯在一八六〇年競選總統的時候，整個美國政治生態已經出現了向民主政治傾斜的趨勢。用政治家、紳士的思維，可能再也沒有辦法贏得一次大選了；而林肯的平民身分和他普通人逆襲的漂亮姿態，反而救了他。

這就像後來的很多美國總統競選一樣，比方說小布希和高爾競選，高爾當時是柯林頓的副總統，高爾惜敗，敗的票數也很少。

後來就有人問一個美國老太太，妳為什麼選小布希？這傢伙又笨，經常話都說不清楚，妳為什麼選他？高爾多好，形象好，又是大學問家。老太太說，我看見小布希就覺得親切，我覺得他就是美國隨處可見的一個加油站的小夥計，我到處都能見到這樣的人。高爾，我就覺得太聰明了，那樣的人當總統，我好像有點不放心。

政治家政治和政客政治，在林肯這兒出現了一個分水嶺。有一部美國電影叫《林肯》，那個林肯拍著桌子跟閣員們發火，我是美國總統，我有神一樣的權力。你能想像林肯是那樣的一個弱勢總統嗎？這其實是一個普通人逆襲之後，當總統其實心裡沒什麼信心的人。對，這才是真實的林肯，他不是一個典型的政治家，他是一個政客。

02 政客和政治家的行為邏輯

傳統的政治家和政客有什麼區別？在英文中，這是兩個詞，政治家是Statesman，而政客是Politician。Politician在英文當中有一點點貶義，沒有中文中貶義含義那麼多，但它也是貶義。林肯在生前講過一句話，說政客就是獨立於人民之外的人。什麼意思？就是他們自己沒有理想，沒有堅定的政治立場，他們只是為了獲取最高的政治權力，這是他們終生奮鬥的目標。如果大家對這個詞理解還不太深，建議去看一看《紙牌屋》，看完你就知道什麼叫政客。

當然我們不能說林肯就是那個貶義上的政客，但在當選美國總統的人當中，林肯確實是政客行為邏輯的一個起點。這沒有任何貶義。但是你從林肯的很多政治行為當中，你能看出這個特徵。政治家，Statesman，我有理想，我有主張，一揮手大家跟我來，我是號召者，是領袖，是那個姿態。但是我們前面講了，像林肯這樣的弱勢總統、平民總統，他能這麼辦嗎？那是做不到的，你在林肯的身上恰恰看不到我們影視劇當中表現的那種堅定，那種領袖氣概；看到的是一個非常陰柔的人，林肯一百九十公分的大高個，走路像一個打樁機一樣，一步一步走，這樣的形象，他卻非常柔性。他有句經典名言：我對任何人都不心懷惡意。

現實生活中他也確實是這樣做的。在這種政客身上，你會發現他有一個特別有趣的特質，就是他能夠隨時隨地獲取周圍人對他的幫助的誠意。比方說，一八六〇年的一次總統競選，要知道在芝加哥共和黨大會現場，幫林肯張羅事的是一幫什麼人？就是林肯的朋友們。若說林肯跟他們有多大的交情，也談不上，他們就是林肯在伊利諾州當律師時的一幫小律師們。要知道，當時美國的律師不像今天，每天能賺很多錢，當時律師職業很苦，沒那麼多案子，他們有時候不得不成群結隊到全州各處去閒逛，就是巡迴，得到一些案件，獲得一些生計。

在這種旅途當中，林肯就跟他們結成了非常好的人際關係。林肯會講故事，為人也比較幽默，能得到這些人的認可。有時候你不得不承認，現實生活中存在這樣的一群人，他往那兒一站，就是人群的核心，他提出什麼要求，大家就感覺好像沒法拒絕。

後來林肯在他的政治生涯中，這種絕技表演過很多回。比方說當時共和黨幾個大佬，都是為競選總統做了長年準備，西華德、蔡斯，等等。蔡斯是什麼人？他一生就以當總統為目標，他有一個女兒叫蔡斯小姐，當時號稱華盛頓第一美人。這個姑娘琴棋書畫無一不通，受過良好的教育，終生就一個目標，幫她爹當上美國總統。

這些人都是不好惹的人，林肯不僅在共和黨競選當中把他們打敗，然後他幹了一件事，也是讓當時所有人目瞪口呆。他把所有這些共和黨大佬全部延攬到自己的內閣當中，這個故事近年在美國又發生過一次，希拉蕊·柯林頓和歐巴馬競選，然後雙方互掐。歐巴馬勝出後，邀請希拉蕊·柯林頓來當國務卿。對，這個西華德後來就當了林肯的國務卿，這個蔡斯後來當了林肯的財政部部長。而且林肯因為是兩個任期，你不能說這些人就死心了，第二任競選的時候，這幫人跟他玩心眼，玩到最後都失敗了。反而在林肯被刺之後，他們都成了林肯最堅定的夥伴，對林肯的評價極高，甚至林肯被刺之後，這些人都悲痛欲絕。你從這一點上也能看出，這種民選政治家的政治智慧，不是靠理想，有的時候就是靠人緣。

當然，光有人緣就行嗎？也不行，有的時候他需要一點不得不的努力加拚命的精神。這種平民政治家和過去的政治家們，他們表現出來的不同，實際上是他們生存環境的不同。政治家，他有堅定的理想，他本身就是燈塔，就是旗幟，其他人是要看著他、跟著他的。可是政客就不一樣，他們出身平民，在權力的網路當中，他們必須要有能力去獲得其他人的支持。不得不的努力加拚命，就必須是他們的精神。

我們這一代人都是這樣的，美國有一個平民政治家，就是二十世紀的約翰遜，他跟艾森豪區別就很大，艾森豪是盟軍總指揮，那是很有威望的。但是約翰遜不一樣，約翰遜原來是二十多歲的中學教師，到了國會當國會議員，開始給人當秘書，一輩子就是拚命過來的一個人。

約翰遜有幾件有趣的事，第一他的精力極其旺盛，有一種小跑叫約翰遜小跑，就是幹什麼事都一溜小跑，創造的最高業績是一天演講二十二場，這不是一般人的精力能夠撐得下來的。林肯也一樣，他年輕時演講，那個時候演講和後來的美國總統演講不一樣，那真的是要說服一幫人。林肯最長的演講紀錄是九個小時，要面對一幫人。日出千言，其氣自傷，你想想他演講九個小時，是一個多大的體力付出。

我們再說到這個約翰遜，約翰遜有趣的事特別多，比方說他大概二十二歲那一年，跑到華盛頓去，突然發現自己住的酒店的地下室特別厲害。為什麼？所有國會議員的秘書都住在那兒，幾十個人都住在那兒。那天他就發了瘋，洗了五次澡，刷了六次牙，為什麼？因為洗澡間和那個刷牙的水房，是最容易進行人際交流的地方。

約翰遜最經典的一個例子是，有一次他突然在國會山莊逮著一個記者，說找你很久了，你到我辦公室來，我跟你聊天。然後又把自己的秘書叫來，寫了一個字條給秘書。轉身和記者繼續聊：我注意你很久了，你的文章非常好，我跟你講講我的想法。講了一會兒，秘書把字條送回來，他看了一眼，把字條擱下，接著又講了一個半小時，誇這個記者，你寫的文章多好，你是一個多麼傑出的記者，我的想法是什麼。

這個記者叫貝克，後來他打聽到，約翰遜這張字條上寫的是，你打聽一下我正在談話的這個人是誰。說明約翰遜根本不認識他，但這就是政治家的精神，就是他現在有一個多小時空檔，他就不能浪費。約翰遜有一句名言，說無所事事比勤奮地工作還要讓人筋疲力盡。他有一個多小時，隨手抓一個人來，然後就要說服他，這就是政客。

其實林肯也是這樣的一個人，對於林肯的政治觀點，其中最有爭議性的，就是他到底是不是一個堅定的廢奴主義者。在二十世紀八〇年代的中國史學界，關於這個問題還有好多爭論，你現在去查找那個時候歷史學家寫的論文，還有《告訴你一個真實的林肯》、《林肯真相》等等文章，都會告訴你林肯說過很多和廢奴主義者相反的話。這些話都是林肯親口說的，都有紀錄在那兒，句句可考，是賴不掉的。那到底是怎麼回事？

03

戰戰兢兢地跟隨在民意身後

我們可以說，林肯是一個廢奴主義者，但他是不是像後來所講的，是那麼堅定的廢奴主義者，那可不一定，為什麼？因為他是個政客。有一個關於林肯的傳說，說他有一次到紐奧良，那兒是密西西比河的入海口，在港口上看到一個美麗的黑人姑娘正在被拍賣，那個場景一下子刺痛了他的慈悲心腸，於是他成了一個堅定的廢奴主義者。

這個故事一定是瞎編的，為什麼？因為林肯小時候生長在肯塔基州，肯塔基州當時就是美國黑奴輸入的一個重要中轉站，肯塔基州四分之一都是黑奴。而且林肯的老婆家就是蓄奴的，林肯無須到紐奧良去看到黑奴才受到那樣的一個刺激，因為他從小就是在那樣一個環境裡長大的。

林肯做為一個政客，很多人說他是兩面派，確實。比方說一八五八年他在競選的時候，在北方的芝加哥，那是廢奴主義者的大本營，他就在那兒高喊，要讓所有人平等，讓憲法中關於所有人平等的那些主張，再一次光輝起來，黑人和我們是一樣的。兩個月後，他跑到南方查爾斯頓，那是南方的大本營，他又說：我從來沒有主張過黑人和白人也要平等，從來沒有主張過黑人也能當選，也能當法官，也能和白人通婚，我從來沒有這樣講過。

兩場演講前後不過兩個月，都獲得了現場的掌聲，你說哪句話是他的良心話？談不上，那這中間有沒有一個邏輯把它串起來？有，史蒂芬．史匹柏那部關於林肯的電影中，林肯講了一句話，我在史料當中沒有查到，不知道是編劇寫的還是林肯原話。林肯說，我原來當過土地測量員，我手裡拿著指南針、羅盤。羅盤會給你指出一個方向，叫正北。可是羅盤永遠不會告訴你，在走向正北的道路上，哪裡是沼澤，哪裡是沙坑。如果在走向正北的過程當中，我們不小心翼翼地避開這些沼澤和沙坑，那又有什麼意義？我們是走不到正北的。

對於林肯的評價，歷史上有一句話：他小心翼翼地走在人們的前面，人們慢他就慢，人們快他就快。這就是一個典型的政客處理政治觀點的態度。林肯在南北戰爭的時候，接受過一次採訪，他說我的終極目標就是為了保住聯邦，如果廢奴能夠保住聯邦，我就廢奴；如果不廢奴，就能保住聯邦，我就不廢奴；如果廢一半能保住聯邦，我就廢一半。他計較的是這樣一個特定的目的，你不能說他心中沒有理想，一個民主社會的政客，他又能怎麼辦？他只有小心翼翼地跟隨在民意的後面，然後找到自己發力的獨特的時機、角度和分寸。

林肯這個人生活的時代距離我們今天的中國人好像有點遙遠，而且廢奴這個話題又特別糾結，有太多的維度，我們理解起來不那麼容易。更容易理解的一個人是羅斯福，我們都知道他帶領美國打贏了二戰，奠定了美國世界霸主的地位。他也是一個政客，羅斯福在執政的很長時間裡，他博弈的一個問題，就是美國到底要不要堅持孤立主義。

什麼叫孤立主義？因為大家知道，美國左邊是太平洋，右邊是大西洋。全世界打得戰火連天，美國人都平安無事。我們在這片平坦、富饒、廣袤的土地上，過自己的日子就好了。孤立主義在美國是有傳統的，這個傳統的根在哪兒？在華盛頓。華盛頓一七九六年卸任的時候，有一篇告別演說，要知道這篇演說可不是他隨口講的，是他寫了一篇文章，登在報紙上的，這是他的政治遺言，或者說遺囑。後來美國一旦要紀念華盛頓，就是國會山莊，所有的議員起立，我們朗誦一下華盛頓的告別演說。告別演說裡面最核心的一個意思就是提醒後代的美國人，就是說我們過我們的，讓歐洲人、亞洲人去過他們的，他們打得再狠，我們美國人不摻和。這是華盛頓定下來的一個國策。

傑佛遜有一個漂亮話，他說，俄國人和土耳其人在打，俄國人拉那個牛角，土耳其人拉那個牛尾，我們美國人幹什麼？我們美國人蹲在牛肚子下擠牛奶，意思是說我們就是經濟動物，我們只要富饒，我們只要幸福，我們不管你們那些亂七八糟。做為一個新大陸的人，他有這個心態也很正常。但是到了羅斯福的時候，已經不一樣了，美國的國民生產總值已經是世界第一了，尤其是羅斯福基本上和希特勒是同一代人，希特勒在歐洲給當時的民主政治造成的那種威脅，羅斯福是知道的，而且他必須以民主國家的大國領導人的身分去應對這樣的世界危機。美國那麼大的國家，你是不可能逃避的，這一點羅斯福心裡是非常清楚的。

但是，他怎麼能夠擺脫已經持續了一百多年的美國的孤立主義傳統？這就是羅斯福面前的問題。而且羅斯福前面有一任總統威爾遜，死得好難看。一九一八年，威爾遜因為帶領美國打贏第一次世界大戰，參戰也是他主張的，他去開巴黎和會。就在他去開巴黎和會之前，美國改選，參眾兩院都變成他的對頭上台。他回到美國之後，拿出了一個所謂國際聯盟的條約，美國人民根本就不認。雖然最後威爾遜拚了老命，在全國巡迴演講，我們也要參加國際大家庭，我們要參加國際聯盟，美國人民不認，就把他否決了。國際聯盟這個事是威爾遜提出的，但是最後美國首先不批准。威爾遜臨死的時候，說了這樣一句話：看來我誤判了民意，美國人民的決定是對的，我沒有跟上。

威爾遜做為學者，就是我們前面講的政治家，他有政治理想，他想驅趕美國加入世界大家庭，但是失敗了。羅斯福這個人從政治譜系上說，算是威爾遜一派的，但是羅斯福就比較賊。他在一九三二年競選總統的時候，就一反常態，拚命告訴大家，我雖然跟威爾遜有點師徒關係，但我可不贊成美國人摻和到歐洲的政治當中，我可是一個孤立主義者。他反覆這樣講。當時美國的國際主義者，原來跟他一幫的那些人，說你這小子也是個兩面派，怎麼翻手為雲、覆手為雨？

04

政客要擁有獅子的力量和狐狸的狡猾

羅斯福說這沒有關係，政治，以獲取權力為第一目標。當時美國孤立主義的最大的重鎮，在新聞界的就是赫斯特報系，赫斯特後來勸所有人說，你們選羅斯福吧，這人我已經搞定了，現在他已經是一個孤立主義者了。一九三二年，羅斯福就是以一個兩面派的身分進入了白宮。

可進了白宮之後怎麼辦？羅斯福的行為軌跡，第一是放「試探氣球」。有一次他在孤立主義很盛行的一個場合演講，說，現在希特勒搞瘟疫，全世界就好像一場瘟疫。對待瘟疫我們應該怎麼辦？我們要把它隔離起來。請注意，他既沒有說我們美國人要跟希特勒幹，也沒有說我們摻和歐洲的政治，他說我們要把它隔離起來，他用了這麼一個詞。這就是美國歷史上著名的「疫區演講」，就是要像對付一個瘟疫一樣，把疫區隔離。

但是即使如此，孤立主義者那幫人也不傻，一聽就知道你的弦外之音，馬上就開始發動對羅斯福的彈劾。羅斯福一看這個「試探氣球」放出來不對，立馬就縮回來，然後從此絕口不提。這個政治家就是這樣，他一點一點跟隨民意去判斷，這個時候是不是合適的時機。而且因為羅斯福當了四任美國總統，很長的時間，這裡面他也有過很多反覆。比方說他在一九四〇年競選的時候，歐洲的第二次世界大戰已經打起來了，美國這時候沒有參戰。他的對手共和黨人也找了一個人，跟羅斯福競選，這兩個人就比著，看誰更是孤立主義者，兩個人都拍胸脯跟美國人民保證，我絕對不會把你們的孩子送上戰場。對方就指責羅斯福，對選民說你三月份讓他當選，四月份他就開戰，雙方就這樣打。

但是後來等選舉塵埃落定，羅斯福已經當選的時候，兩個人一翻臉，就又全部變成了國際主義者，又要開始推動美國參戰。這個時候的政治運作和原來只有一個所謂的堅定的目標，而且不說謊話，永遠說實在話，永遠說正確的話的那種政治，已經有了顯然的區別。當然，你並不能說羅斯福什麼都沒有幹，他在幹，只不過他是用日拱一卒的方法悄悄在幹。

比方說一九三七年，中國抗日戰爭打起來了，當時在長江上有一艘美國的船，讓日本轟炸機給炸掉了，也死了美國人。但是後來很多歷史學家分析，說這也是日本人在試探美國人的底線，就是我就搞你一下，看你什麼反應。我看你會容忍到哪一步，反正就這麼個事，你要說誤炸也可以，我道歉、賠償都可以，我就要看你跳到哪一步。

羅斯福知道，那個時候其實不是時機，但是他借用這個事件，要求國會批准了十億美元，實施了一個重建兩洋海軍的計畫。他是一點一點在為戰爭做準備。包括在他的政府班子裡，把那些孤立主義派的官員一點一點撤換，所謂日拱一卒，一點一點準備。包括他曾經繞過國會，幹了很多事情，很多他的反對派都說，你參與世界大戰我們沒意見，但是你這繞過國會，這事可不對。然後羅斯福又找來很多律師幫他論證：我做為總統，為什麼有權力這麼幹。

其實美國總統政治權力擴張，羅斯福是一個里程碑式的人物，他創造了很多先例，就是繞過國會，美國總統直接幹一些原來在美國憲法和政治現實當中模糊地帶的事情，逐步擴張總統的權力。當然，做為政治家，或者說做為一個民選政治家的政客，他必須還有一點，就是當民意成熟的時候，二話不說，以最敏捷的動作把他要幹的事一把拿下，就把它幹了。最典型的就是一九四一年的珍珠港事變，事變一發生，羅斯福立即跑到國會去，發表了一個六分鐘的演講。雖然當時也還有人投反對票，但幾乎是以壓倒性多數通過了向日本宣戰，美國參加第二次世界大戰。

民意這個東西，在民主政治下的民意，是一個特別有趣的東西。就在第二次世界大戰之前，90%的美國人都說，隨他們歐洲打成什麼樣，我們又沒有義務幫助英國人，我們跟英國人曾經還有仇，管他打成什麼樣。但是，等到了二次大戰已經快發生的時候，美國民意就開始出現變化了，很多人都開始說，我們可以幫助一下英國人，雖然說冒著參戰的危險不值。

還有一個重要的轉折點，就是納粹德國打敗了法國之後，美國民意就開始發生了大規模的逆轉；甚至原來有一些絕對的孤立派，這個時候也開始轉換立場，說從此孤立主義在美國不存在了，為什麼？因為納粹德國的威脅更大。這是什麼意思？就是民意它永遠是一個變動的東西，那對待民意，現代的政客們永遠是兩種態度，一種態度就是邱吉爾式，大家知道邱吉爾那種性格，他原來老是當強硬派，跟納粹德國不對盤。但是英國人民不喜歡他，但他也一直堅持這麼說。邱吉爾後來就得意揚揚地說，在戰爭時期，在乎民意調查是一個最扯淡的事，我不就是一個例子嗎？我堅決跟希特勒幹，我堅決當強硬派。總有一天等到撥雲見日，等到我的機會來了，張伯倫倒台，邱吉爾當了英國首相。這叫我在我判斷的趨勢前方等你，等事情發生到我不得不出山的時候，再去搶得我應該獲得的政治地位。

可是羅斯福就不是這樣，羅斯福是一點一點跟著政治進程走，跟著民意去判斷，現在是不是到時候了。羅斯福講過一句既心酸又智慧的話，他說幹政治最可怕的事情，就是當你往前走的時候，你突然回頭一看，後頭沒人了，這太恐怖了。他就不斷地要調整自己的腳步，讓他縮回到民意所能容忍的一個範圍之內。

這一篇跟大家說了這麼多美國總統的故事，其實是想提供給大家一個觀察政治的角度。所有政治本質上都是民主政治，因為獲取政治的合法性，每一個人的認同，這是所有政治家的任務，管你是獨裁者還是皇帝，都有這個任務。就像中國古代皇權那麼發達，那也有選舉的，只不過那個選舉是三百年舉辦一次，美國是四年。那一次選舉就會殺得刀山火海、血流成河，王朝崩解，天下重建，要付出巨大代價，民心才能釋放一回，呈現一回自己的力量。

中國古代的聖賢們創造了一個詞——民心。所有的政治家你都必須判斷民心，因為他沒有很好的工具去搜集民意，民意又是瞬息萬變的。但是民心則是一個較長時間段的政治家對於民意的判斷。你不能說皇權政治裡面沒有民主的成分，對政治家決策的反制作用。

但是在現代社會，剛才敘述的路徑其實是告訴大家一個民主政治的變化，在傳統的精英政治裡面，我們渴望的是一個Statesman，是一個政治家，他有良好的教育，他有高尚的道德，他有堅定的主張，我們跟他走，我們歡呼聖人。但是越到傳播發達的現代社會，你會發現民意對於政治的反作用力變得越來越大，政治家們就必然退化成一個政客，他不得不小心翼翼地匍匐到民意後面去。一個好的政客和一個壞的政客區別在哪裡？這就說到政治學當中一個經典的概念，叫獅子和狐狸。說這句話的是著名的政治學家馬基維利，他提出來，狐狸沒有獅子的力量，可是獅子又沒有狐狸的狡猾，一個政治家就應該兼具這兩種本事。

羅斯福後來有一本傳記，叫作《羅斯福：獅子與狐狸》。確實，羅斯福就是用狐狸的手段，甚至在別人看來是一種沒有底線、不擇手段的伎倆，達成他獅子般的目標。好政治家和壞政治家的區別，不在於他是不是道德高尚，政客們不存在道德高尚的問題；只在於他有沒有獅子的力量，加上狐狸的狡猾，用狐狸的手段去達成他心中醞釀的、隱藏的，從來不為外界所知的所謂獅子的目標。

庸眾的迫害，
基於一種廉價而蒼白的正義感和道德感，
你的活法跟我不一樣，
就要從謾罵升級到迫害。

我們應該容忍每一個人，
按照自己喜歡的方式去生活，
按照自己習慣的方式去創新。

第 3 章

圖靈

被庸眾迫害的天才

直到今天，我們判定一個機器是不是具有了人工智能，
用的還是圖靈當年發明的一套測試方法，這就是著名的「圖靈測試」。
圖靈哪裡僅僅是一個科學家？他是一個大神，因為他是個哲學家。

引言

這一篇我要為大家介紹一位天才——圖靈。

有人猜想，Apple公司用被咬了一口的蘋果當圖標源於圖靈。他自殺時用的正是一顆蘋果，他先用蘋果蘸了一下氰化鉀，再咬了一口，Apple公司這樣做是為了紀念圖靈。

當然這是一個八卦，沒有這個事。但是你不覺得如果這個事是真的，我們對Apple公司真的還要高看一眼，它的企業精神和一個人物的靈魂，居然隔著時空連接起來了。再比如，電影《模仿遊戲》，其實就改編自《圖靈傳》這本書，當然為了更加戲劇化，它把這本書改得面目全非。

圖靈為什麼神？首先他是個學霸，比我們一般人聰明得多。他是劍橋大學有史以來最年輕的講師，據說劍橋大學當時進行任命時，全校還放了半天假來紀念這個歷史性的時刻。我們中國人見慣了學霸，覺得這也沒有什麼了不起。

但如果我告訴你，圖靈這個人一生當中曾經兩次改變人類文明的走向，而且是在兩個完全不同的領域，用完全不同的手法改變的，我們這些後人是不是要對他脫帽敬禮？

第一點，當然就是他發明了著名的圖靈機。我們今天所有的電腦都是在那個原型上發展出來的，今天無論是在鍵盤上「啪啪啪」，還是在手機上「滑滑滑」，都是在一台圖靈機上進行工作。當然你別誤解，圖靈機可不是一台已經造出來的機器，它僅僅是一個提出來的理論模型構想。而且圖靈提出來時是在一九三六年，那年他只有二十四歲。

而且還有一點，這可不是一個什麼大規模、高成本、長時間的科研項目的結果，它僅僅是二十四歲的圖靈整天胡思亂想的思緒當中，飄出來的一個片段。何以見得？因為最早完整地提出圖靈機那個構想，是在他論文的一則腳注裡面，你說這個人是不是一個大神？要不怎麼二十世紀六〇年代，美國電腦學會把他們的大獎命名為「圖靈獎」？

要知道圖靈可是英國人，真正發明電腦的馮紐曼是美國人，美國人居然不用馮紐曼來命名它，而是用圖靈來命名這個獎項，這個獎現在就是電腦界的諾貝爾獎，我們中國人還得過一次，二〇〇〇年清華大學一個教授得了「圖靈獎」。

第二點，就是圖靈做為第二次世界大戰期間，英國人的首席密碼破譯專家所作出的貢獻。當然他的這段經歷直到今天仍然撲朔迷離，因為英國人覺得這是絕密，直到今天大量的檔案文件仍然沒有解密，歷史學家只能透過當時一些訊息的一鱗片爪，去判斷圖靈到底幹了些什麼。

有些歷史學家就作出論斷，說圖靈以其一人之力，至少讓第二次世界大戰提前兩年結束，他至少救了上千萬人的命。當然這種文科教授做出來的計算結果信不信您自己看著辦，但是我讀完了《圖靈傳》之後，至少覺得圖靈的功勞是怎麼評價都不過分的。

01 密碼破譯——數學家對決的戰場

那密碼學到底是幹嘛用的？當然就是破譯情報了。兩國對戰，在現代化的戰爭條件下，我幹什麼你完全不知道，而你幹什麼我就像看著澡盆裡的魚一樣清楚，那這個仗還怎麼打？希特勒輸得一點也不冤。當然不是說第二次世界大戰只有圖靈這一個原因，但他確實是非常重要的一個因素。

我先簡單地給大家講講密碼發展的幾個階段。

第一個階段，在西方的文明當中，密碼是一個非常簡單的東西，就是把字母順序打亂。比如說最早發明密碼的凱撒，他發明的就叫凱撒密碼，如果我跟前線的將領要傳達訊息，那我們約定另外一套字母系統。比如說A在我寫的裡面，它就變成了K，J就變成了Z，我們倆互相約定好，那我就用約定的那一套密碼，用正常的字母來書寫，那敵人拿到肯定就看不懂了。

可是這種密碼有一個問題，就是它架不住大數據，因為大家知道，任何語言一個字母，在一個單詞當中，它出現的頻率是可以統計出來的。只要資料足夠多，馬上就可以知道你是用哪個字母代替了哪個字母，稍微做一點功課，這種密碼就能被破譯。

但是到第二次世界大戰之前，德國人發明了一套密碼系統，這真叫成也蕭何，敗也蕭何。這套密碼系統是落實在一架機器上的，就是所謂的恩格碼機，「恩格碼」這個詞是音譯，原文就是「謎」的意思，又稱之為謎機。因為德國人當年造的這種密碼機特別多，現在市場上還有人專門收藏。

這個機器有什麼好處？大家知道，直到今天我們人類都面對一種兩難，就是如果你要更多的安全，對不起，你就必須承擔和面對更多的麻煩。就像我們現在電腦系統裡、網路上，越是追求安全，設置的密碼就要越長，那你用起來肯定就不方便。但是恩格碼機或者說謎機，恰恰解決了這個問題，它是又安全，同時又方便，德國人多聰明。

那恩格碼機的具體原理是什麼？因為太複雜，我只能簡單給大家介紹。它同樣是用凱撒密碼的原理，但是一個字母輸進去，它通過一些轉盤的轉化，每一個字母最後輸出來的結果，會有一百五十萬億種可能，德國人就通過一個機器把它做到這麼厲害。

一百五十萬億是什麼概念？就是十五後面寫十八個〇。你可以慢慢地試，你可以試著去破譯，但是可能一個很大的團隊要幹幾千年，你才能將它破譯，它非常安全。

與此同時，它還特別方便，因為那個謎機的形象，有點像打字機，只要你把這封密碼文件按照打字機上的鍵盤輸進去，按一個字母，它的屏幕上就有另外一個字母燈亮。只要一個密碼抄寫員把那個亮的字母給抄下來，就能夠還原成平時我們要傳達的那個正常的訊息。這個操作真的是用一分鐘就可以教得會的操作。

德國人在發明這套系統之後覺得特別自信，謎機或者說恩格碼機在第二次世界大戰中，是德國人普遍運用的一種密碼機器。那個時代的密碼破譯，就是數學家對決的戰場，像圖靈這樣的人就有了用武之地。當然我們順便說一下，第二次世界大戰之後，人類的密碼系統其實有一個小小的轉向。

比如說這本書的序言是馬慧元老師寫的，她就講到，她上大學的時候老師就跟她講，說現在的密碼不能再靠小軌跡了，就是數學軌跡，也就是我的算法你不知道。那萬一對方知道了，你這套密碼系統不就變得極其脆弱嗎？二戰之後，人類傾向於用一種什麼密碼系統？就是膀大腰圓、傻大黑粗。

說白了，我即使把密碼告訴你，把破解程序也告訴你，你找來世界上最快的電腦算。你算完了，結果可能是一年後，因為運算量實在太大，而一年後我這套密碼已經過期了，這才是最安全的密碼。當然現在我看到有人說，隨著量子電腦的計算速度進一步提升，這種密碼可能也不保險了。那是以後的話了。

總而言之，我們回到二戰的時候。德國人覺得自信心爆棚，這套恩格碼機是沒有人能破解的。當然也有人距離成功只差一步之遙，這就是波蘭人。

波蘭人為什麼要破譯密碼？因為這個民族在歷史上三次被瓜分，到第二次世界大戰之前，他們心知肚明，這邊一個德國，那邊一個蘇聯，肯定是要對我下手。什麼時候下手，怎麼下手，打又打不過，天天就琢磨這雙方都在嘀咕點什麼，天天就用電台去截獲對方的電報，然後試圖破譯。

波蘭還真就搞出了一批密碼學家，然後距離破譯謎機已經很近了，但是最終沒有成功，因為德國人也不斷地在換。一九三九年九月一號，德國人衝過了波蘭和德國的邊境，發動了第二次世界大戰。在八月的時候，波蘭人已經把這套系統交給了英國人，英國人對波蘭人豎大拇哥，說他們就好像一個騎士在倒下之前，把手裡的劍交給了戰友。

於是這個球就到了英國人的腳下，你大英帝國不是人才濟濟嗎？你行你上，你能不能破譯這套密碼？英國人剛開始也是一頭霧水，完全找不著北。但是英國人有一個長項，就是在二戰期間，體現出一種非常難得的堅持和隱忍，願意吃苦，投入精力。

他們在倫敦以北一百公里的布萊切利公園，設立了一個破譯大本營，最多的時候在那兒投入了上萬人，堅決要破掉希特勒的密碼。每天大量截獲德國人的電報，這些電報都是用密碼寫成的天書，什麼時候能將這些電報破譯出來？哪怕只是一張紙。沒有人知道，大家都在外面等。

這裡面當然就包括圖靈，圖靈腦袋裡想什麼，當時很多人其實是不知道的，連圖靈在那兒幹什麼，很多守衛也不知道，因為他整天衣衫襤褸，一副邋遢的樣子，很多人覺得這傢伙是間諜吧？在布萊切利公園裡經常有人攔住他盤問。其實很少有人知道他們到底在幹什麼，只知道他們是在做一件很重要的事情。因為數學家腦子裡想的東西，直到今天我們都不能用很方便的語言把它說出來，更何況當時的人？

那現在回頭看，其實我們已經搞不清楚，哪些是波蘭人奠定的基礎，哪些是圖靈自己搞的創新。但是我們可以清晰地看到兩點，就是圖靈堅信兩種力量。

第一種，就是堅信機器對機器，因為恩格碼謎機是一種機器，如果我用人力來對抗你，那就自然落了下風。圖靈堅持要製造一個機器，這個機器現在就稱為炸彈機，這是《圖靈傳》這本書的翻譯；我還看到另外一種翻譯法，叫小甜點。

我們在電影《模仿遊戲》裡看到過那個機器，就是一面牆那麼大，上面全是小圓塊，那就是炸彈機。後來英國人就是靠這種機器對機器的方法，生生破譯了德國人的密碼。

當然，圖靈還堅信第二種力量，就是人性的欠缺。因為密碼是個數學現象，它是個死的；機器是個物理現象，它也是個死的。如果你要想把它破譯，你就得堅信使用機器和數學的這個人是有缺陷的，因為對方德國人也是人，德國人的人格缺陷就是有點死板。

圖靈就用到一系列的方法，他發現德國人經常會用密鑰，它往往是相鄰的兩個字母，比如說AB，或者CD，這是德國人的一個習慣。這就緩解了一大部分計算量。

再比如說，他發現德國人發出來的電報，前面經常會有一些固定的語句，譬如說今天是星期幾，今天天氣如何。更重要的還有一句詞，叫「希特勒萬歲（Heil Hitler）」，這句詞往往就成為他捕捉對方密碼的一個很重要的線索。

此外，圖靈還會誘使對方發一些固定的訊息，然後通過一套數學算法，來判斷對方這個密碼到底是什麼，這當中的原理當然極其雜亂，這裡就不贅述。

總而言之，在一九四一年和一九四二年期間，圖靈居然就把這個謎機給破譯了。破譯密碼的結果就是英國人全都知道希特勒的一舉一動，但是英國人的麻煩在於，我雖然全知道還得假裝不知道，因為我不能讓德國人知道了我破譯了密碼。

因為德國人並不傻，萬一發現最近英國人怎麼揍我揍得那麼準？是不是密碼被破譯了？如果德國人意識到這一點，只要在恩格碼機上改幾個設置，那圖靈此前所做的工作可就付諸東流了。如果重算一遍，得花多少時間？這期間又得多死多少人？英國人這時候不得不開始裝傻充愣表演。

舉個例子說，德國艦隊來了，你明明知道它就在這兒，你還真就不能直接派轟炸機去炸，得先派偵察機去，假裝偶遇，「發現」你在這裡，然後再回去叫轟炸機，這個表演也很辛苦。

其中最危險的一次，是德國的九條油輪的行蹤被英國人發現了。德國到後來能源已經很緊張，如果炸掉九條油輪，這對德國的戰鬥力打擊是很大的。英國人心癢，這口大肥肉真想給它吃下來，但是又不敢，這樣吧，九條炸它七條，留兩條逃生去吧，以便讓德國人不猜疑到密碼被破譯。

但是德國人是挺倒楣，英國人也太陰險，最後這兩條油輪逃出生天後，居然又遇到了英國的艦隊，被炸沉了。這其實是德國人非常有機會發現密碼被破譯的一次，但德國人活生生就沒發現，為什麼？因為他們對恩格碼機器太自信了，覺得這套東西根本不可能被破譯。

後來在二戰期間，雖然德國人也升級了這套系統，但是沒有徹底地毀掉或者說將恩格碼機器棄之不用，給英國人留下了大量的空間。英國人在第二次世界大戰期間，從敦克爾克大撤退一直到諾曼第登陸期間，在歐洲大陸是沒有什麼作為的。它跟德國人打仗主要是在兩個戰場，一個是海上，還有一個就是北非。

一九四一年英國海軍打了一個大勝仗，圍殲了德國海軍引以為豪的那個大戰列艦俾斯麥號。一九四二年，蒙哥馬利元帥帶領英國的坦克部隊，在北非消滅了德國號稱沙漠之狐的隆美爾元帥的坦克部隊。這兩場勝仗的背後，都是因為英國人掌握了德國人的情報。

當然還有一點，就是英國的地理位置是一個海島，它的很多糧食都得從盟國運輸回來，尤其是從美國。可是德國人當時搞出了一個U型潛艇戰術，就是群狼戰術，動不動就擊沉它的商船。英國的物資供應一度緊張到整個英倫三島的糧食供應只剩下一週，境況非常危險，眼看就要全民餓肚子。但是圖靈因為破譯了這套密碼系統，英國商船的損失就迅速下降了。

我曾經見過本書的譯者孫天齊先生，他給我看了一張圖，自打圖靈破譯之後，可以明顯看到英國商船的損失下降，下降多少？75%。後來德國人又把恩格碼機器升級了，而且立竿見影，這邊一升級，英國商船的損失馬上就飆升。但緊接著，圖靈和他的團隊又破解了德國人的新機器，損失又下來了，在這條曲線裡看得非常清楚。

戰爭哪裡是我們平常想像的那樣，僅僅是戰場上士兵和將軍的事？這背後有多少數學家和密碼學家的努力，他們是實質性地在影響戰爭的進程。後來邱吉爾講過一句話，說我們打這場戰爭，其實是捏著敵人的脈搏在打，他們幹什麼我們全知道。那這份功勞是屬誰的？當然就是屬倫敦以北一百公里的布萊切利公園裡面的那些學者們，其中就包括圖靈。

但是這幫人可沒有享受到戰爭勝利帶來的紅利，為什麼？不能說。英國人先是打二戰，二戰一結束就開始跟蘇聯人拚命，這冷戰就開始了。布萊切利公園裡面發生了什麼事情，一直是國家的機密。

02 圖靈機——人類思考過程的複製和再現

這就發生了很多悲劇，比如說圖靈身邊的一個工作人員，他的老師就給他寫信，說你年紀輕輕的，看著別的青年人都在為國家拋頭顱灑熱血，你小子在戰爭期間躲哪兒去了？把他一頓臭罵。這個人還不能說，百口莫辯。

圖靈其實也是一樣，在一九四五年戰爭接近勝利的時候，他身邊一個人陪著他在布萊切利公園的樹林裡散步，就跟他說戰爭馬上勝利了，你這期間的研究成果終於可以大白於天下了。圖靈說，你怎麼能這麼幼稚？這怎麼可能。

果然，後來邱吉爾下令，說戰爭期間你們搞的那個破解德國人機器的炸彈機，一共二百一十多台，全部給我銷毀，包括設計它的那些圖文資料，全部銷毀，一點都不能留。為什麼？因為英國人一直不想讓蘇聯人知道，英國其實捏著德國人的脈搏。

圖靈這個人到底在二戰期間作了多大的貢獻，我們只能看一個大概，未知其究竟。這要是一般人，不得冤死。但是圖靈有後手，為什麼？他對人類還作了一項貢獻，就是發明圖靈機。前面我們已經提到了圖靈機，現在我們公認的電腦的發明者是美國科學家馮紐曼，但是馮紐曼自己都承認，說所有的思想來源都是圖靈的，我最多算是電腦的助產士，我是幫它生下來而已。

為什麼圖靈這麼厲害？首先我們簡單說一下什麼是圖靈機。圖靈機就是想像中有一根無限長的紙帶子，上面有一個一個格，有的格是黑色的，有的格是白色的，那黑色就代表1，白色就代表0。

圖靈就想像，如果有一根打印頭，它既能讀取這個格當中的狀態，它到底是1還是0，又能進行擦寫，那這個格不斷地在探頭面前移動，我就可以對這個探頭的走向進行編程，從而影響計算結果。這說得再詳細就沒法說了，總而言之，我只要用這種方法給這個探頭進行編程，我就可以得出一個計算結果，就是這麼一個假想中的機器。

你說這很偉大嗎？這當然很偉大。首先，二十四歲的圖靈就已經想到，讓人類擺脫自己熟悉的十進制，轉而用機器更容易識別和讀寫的二進制進行機器運算，這本身就需要想像力吧？更何況，圖靈的思維境界是超越當時人一籌的。

在他之前，人類已經有了很多機器吧，這些機器也很強大，從最早的蒸汽機到後來的飛機、大炮、汽車，這些機器的本質都是一個，就是人的肢體力量的延伸和替代。只不過是利用了當時的新能源，什麼煤炭、電能，這些機器也很強大，它替代人腿能跑得那麼快，甚至能飛上天，但是這些機器都是在人的操控下才能夠運轉的。

可是圖靈機的本質就不一樣，它可不是人的肢體的簡單延伸和替代，它是對人的思考過程的複製和再現。這才是圖靈機的野心。人類的思考過程跟圖靈機的本質是一樣的，都是先輸入一個訊息，然後進行編程、處理，得出一個結果，再把這個結果輸入回來，我們再進行處理，再得出結果。如此循環往復，往前一步一步地進行思考，圖靈機要再現的就是這麼一個過程。

圖靈的野心不僅僅是幫當時的人類卸下沉重的計算擔子，用機器來代替計算這麼一個淺層的技術目標，他其實思考的一直是一個哲學問題。整個第二次世界大戰之後，圖靈的那一段生涯都在思考一些什麼樣的問題？比如說機器可不可能有智能？人是不是就是個機器？螞蟻如果做為神經元，它們之間互相進行交流，拼接出一個巨大的蟻巢，那這個蟻巢是不是就是個大腦？那如果我用晶體管來替代一個單個的螞蟻，讓晶體管之間也形成神經元之間的互動，我是不是就可以再造一個人類的大腦？那這個大腦如果出來，它會不會是個智能？如果它有智能，它會不會跟人一樣，會犯錯誤？它有沒有情緒？會不會沮喪？會不會得意？圖靈思考的全是這個問題。這些問題是近些年才在中國內地的科技界興盛起來，因為現在人工智能的話題很熱。其實幾十年前的圖靈，他的思考的起點就是這些問題。圖靈哪裡僅僅是什麼電腦科學之父，他還是人工智能之父。

直到今天，我們判定一個機器是不是具有了人工智能，用的還是圖靈當年發明的一套測試方法，這就是著名的「圖靈測試」。圖靈哪裡僅僅是一個科學家？他之所以是一個大神，是因為他是個哲學家。

03

天才也只是普普通通的碼農

剛才我們介紹了那麼多事，為大家塑造出一個大神級的圖靈的形象，人又聰明，功勞又大，我們普通人是望塵莫及。可是如果把他從神壇請回到人間，從日常生活中你再看一眼這傢伙，他是個什麼德行？這本《圖靈傳》裡面有大量的細節描寫。

簡單給大家歸納，他就是我們今天在中國很多網路公司裡見到的碼農形象，是個典型的理工男。平時不修邊幅，有時候跟他說話，你會覺得他神情恍惚，不知道在想什麼，他沉浸在自己的世界裡面。

圖靈二戰的時候在哪兒工作？布萊切利公園，那裡是國家一級保密單位，那些警察又不是吃素的，一旦看這個人神情恍惚、晃來晃去，想幹什麼？肯定是個間諜，把他抓了好幾回。

而且這個人還有一點神經質，是數學家式的神經質，經常要在心裡數數。他有一輛破自行車，破到什麼程度？就是每蹬十二下，車一定掉鏈子。一般人肯定就送去修了，圖靈不，數學家，一旦掌握這個規律，他就用數學方法來解決。在心裡默數十二下，就捯一下，確保不掉鏈子。

後來捯煩了，說這樣，我親手做一個手工的計數器安在這個自行車上，就盯著這數，一旦到十二就捯一下，圖靈就是這麼個人。雖然在日常生活當中，很多朋友都說他很好打交道，但是他缺乏處理自己社會事務的能力，在這方面很低能。

舉一個例子，他那個時候非常苦惱一件事，就是花粉過敏。他拚命給主管打報告，說我需要一個防毒面具。主管覺得很為難，首先戰爭期間物資都很緊張，而且在工作場合，你天天戴著個那麼醜的防毒面具，大家怎麼跟你一同工作？就不給他。

他居然為了這麼一件事，給英國首相邱吉爾寫信。後來邱吉爾也真是夠意思，居然批示了，說圖靈博士需要這防毒面具是事關我國戰略成敗的大事，你們趕緊辦，辦完之後還要親口跟我彙報。這算是主管親自督辦的工程，他才算戴上了這防毒面具。

你腦補一下那個場景，一個人蹬著破自行車，戴著一個防毒面具轉來轉去，太奇葩了吧。

而且圖靈在二戰期間還幹了一件荒唐事，他並不認為英國一定能夠戰勝，老擔心希特勒要是能打過來怎麼辦。我替英國政府做這麼多事，家產肯定得沒收。他就想出一個招，變賣了很多家產，買了兩錠大銀塊。有人就建議他，讓他存到英格蘭銀行，可他不相信，覺得英格蘭銀行遲早會倒閉，會歸希特勒。

那這兩錠銀子怎麼辦？他就找了一片樹林，埋下了一塊銀錠。又找了河床旁邊的一座橋，把另一塊銀錠埋在這河床裡，而且還做了大量的地圖、標記，心想一旦戰爭結束，我再來挖。

後來戰爭結束了，英國給炸爛了，一塌糊塗，什麼參照物都沒有了。圖靈就傻眼了，再也找不著這銀錠了。這傢伙後來居然自己做了一個金屬探測器，在樹林裡、河道裡到處找，最後也沒找著，非常沮喪。

二戰期間圖靈還老犯愁，萬一我將來沒飯吃怎麼辦？他居然用自己的收入囤了好多箱刮鬍刀的刀片，說一旦沒飯吃，就賣這個過活。

當然，我們今天談圖靈，前面這些全是小事，我們唯一不能迴避的是他的性取向問題，他是一個同性戀。當時人們對於同性戀的觀感和今天不一樣，當時覺得這就是道德敗壞。

無論是在那部電影裡，還是在這本書裡，關於圖靈這個人前半生的同性戀的痕跡，其實很少提及，因為他確實也做得非常隱秘。但是在一九五一年的十二月，他因為同性戀，終於遇到了命中的剋星。這個小男孩十九歲，叫莫瑞，是一個無業遊民，而且平時還有一點小偷小摸的壞習慣，屬典型的底層青年，但是因為人長得俊俏，圖靈就跟他相處了。

處了一段時間之後圖靈就發現，你怎麼還偷東西？居然一次性從我家偷走了價值五十英鎊的東西。要說起來，這些東西也不值錢，無非是一件襯衫、一條褲子、一把刮鬍刀之類的破玩意兒，但是圖靈居然就沒忍得下這口氣，跑到警察局把莫瑞給告發了。

這一天還挺有紀念意義的，因為就在前一天，是英女王伊莉莎白登基的日子，第二天就發生了這麼個事。

警察很負責任地做筆錄，你們倆怎麼相識，他是怎麼偷你東西的？一來二去，居然把圖靈是同性戀這件事情給供出來了，而且圖靈大言不慚，他不覺得自己是犯罪，國家沒有權力干涉我的私生活。這種話你穿越到今天講可以，在當時，英國法律明文規定，同性戀是犯法，是要判刑坐牢的，但是圖靈覺得沒事。

那警察能怎麼辦？法律面前人人平等，對不起，把你送到法庭去。英國的知識界，甚至包括美國的知識界都轟動了，都去拯救圖靈，宣稱他對國家非常有用，不能讓他去坐牢，耽誤研究。但是法律哪管這些，尤其圖靈在法庭上態度又不好，他就覺得我無罪，我就是同性戀，你能拿老爺怎麼樣？一下子就把法官和陪審團全給激怒了。

他的位置那麼高，歲數那麼大，對方是一個十九歲的小孩，大家自然有那個反應，是你勾引和玩弄人家。而且圖靈在法庭上還大包大攬，沒有他什麼事，都是我，都衝老爺我來。那大家自然要判你刑，最後就嚴實地給他判了兩年徒刑。

當時的英國法律有一個選項，就是如果你不想去坐牢也可以，必須接受治療。當時人的醫學觀念，覺得同性戀是一種病，是病就得治療，但所謂的治療，就是注射大量的雌激素，其實就是化學閹割了。

圖靈覺得可以接受這個方案，願意接受治療，不去坐牢。但是如果你問他，為什麼會接受如此屈辱的一個方案？圖靈的回答很簡單，我不能去坐兩年的牢，這會讓我當下的研究中斷。

可是你有沒有想到，在長達兩年的時間裡，不斷地往身體裡注射雌激素，這會對身體造成什麼樣的傷害？除了性功能喪失，全身的其他功能也都會紊亂。後來圖靈居然發育出了一對乳房，可想而知，在這兩年，他從精神到肉體，承受了什麼樣的苦難。

後來果然就發生了眾所周知的那件事情，一九五四年的六月，有一天他的女管家早上推開他的房門，發現他已經死在了床上，床頭擱了一個被咬了一口的蘋果，而且化驗出了氰化鉀。當時人都判斷，圖靈是自殺身亡，還不到四十二歲。

04 撲朔迷離的自殺案

關於圖靈之死在科技界也有各種各樣的說法，就在這本書裡，也給我們提供了大量的線索，說圖靈其實未必是自殺。比如這本書裡就講，他的辦公桌上其實還散亂地扔著一些沒有完成的論文，這不像圖靈這樣性格的人該幹的事情。而且辦公桌上還有便條，上面寫著第二天要幹的事情，那他第二天為什麼沒有來？

還有，在他的信件當中發現，他還答應了一些邀請，要去參加一些聚會，那這又說明他至少在死的前幾天，還沒有打算死。請問，這又是怎麼回事？

而且一九五四年的六月，圖靈的狀況已經好轉，首先是性功能大概是恢復了，因為大家發現，他那個時候又出現在瑞典的同性戀聚會上。而且他在巴黎還有一段豔遇，又遇到了一個小夥子，還把自己的手錶解下來給別人當了信物。說明他又可以快樂地生活，為什麼這個時候他會選擇死？

而且就在他死之前，曼徹斯特大學剛跟他簽了約，跟他續了五年的約，繼續當教授，你同性戀這事不算數，我們認可。那為什麼選擇這個關頭死，也是迷霧重重。

當然了，還有一個陰謀論的說法，說二戰之後，圖靈其實還繼續擔任英國情報部門高級專家的角色。情報部門用圖靈這種級別的專家用順了手，用別的專家怎麼能過癮？繼續用他，完全合理，只不過這一段經歷現在完全無法查考。

圖靈裝著一腦子國家機密，可是他又是個同性戀，經常要跨越國境到國外去尋找性伴侶，而且後來圖靈的學術研究已經發生了轉向，對什麼電腦、人工智能，甚至是生物學感興趣，對密碼學好像已經興趣不濃了。

情報部門一方面覺得，你已經沒有什麼用了，一方面又覺得你太危險，萬一在國外，蘇聯間諜把你給搞定，派一個帥小夥來誘惑你，那該怎麼辦？為了安全起見，是英國情報部門把圖靈給殺了，當然這個說法信不信只能由你了。

不管怎麼講，四十二歲的圖靈就這樣死了，好可惜。從圖靈的故事當中，我們能夠得出什麼樣的結論？你可能會說，那個體制對這樣優秀的人才，居然用同性戀這樣的理由去迫害。你把這個事想簡單了。

圖靈的死因有各種各樣的說法，但是為什麼民間都接受他是自殺而死？因為這個說法的戲劇性張力最強。一個驚才絕豔的天才，作出了那麼大的貢獻，因為如此荒謬的原因，最後被體制迫害致死。

但問題是，體制是誰？難道要怪一個法官，或者立這個荒謬法條的議員嗎？不對，英國是普通法國家（即「英美法系」），判例法的傳統。說白了，最後讓圖靈去坐牢，或者接受化學閹割的，是那些陪審團的普通人，他們可不是手握重權的統治階級。

我想提出一個新的概念，叫庸眾的迫害。什麼叫庸眾？就是平庸的群眾，直白地講就是這個意思，不用迴避，畢竟有大量的人是庸眾。

庸眾的迫害有兩個特點：第一，基於一種廉價而蒼白的正義感和道德感；第二，就是他為什麼要迫害別人？就是因為你的活法跟我的不一樣，或者是跟我想像你應該的活法不一樣，我就從謾罵一直可以升級到迫害，讓你去死。這就是庸眾的迫害。

如今這種現象在我們身邊還多嗎？多得是。曾經有一個比我年紀小很多的朋友，大學一畢業想留在北京發展。但是他的母親死活就不答應，最後鬧到尋死覓活的程度。最後他沒有辦法，只好回到老家，接受父母的安排，成為當地的一個公務員。

這種事情在我們的生活中有很多很多，這就叫庸眾的迫害。因為你的想法跟我不一樣，你必須按我的來，而我的初衷是為你好，我必須強制你。這種庸眾的迫害我們現在還可以觀察到很多，比如說天災人禍之後，很多人就圍在有錢人的微博下，逼人捐款，你有錢，你憑什麼不捐款？如果別人不捐或者不回應，那你就黑了心腸。一堆人毒汁四濺地在那兒謾罵。

還有，有些明星，比如說出軌，這本身就是他個人情感生活當中的私事，但是看微博上、朋友圈裡那些人對他進行的謾罵，這就是迫害，甚至有人因此而自殺。

庸眾的迫害它是怎麼來的？現在平心靜氣地講，我們不僅僅是對這個現象進行抨擊，還要尋找它的人類進化學的來源。

我們這一支叫智人，我們之所以比尼安德特人、東亞直立人顯得優秀，不是因為我們膀大腰圓、力量大或者是抗寒，可為什麼那兩支後來都滅絕了，唯獨我們智人生存下來了？

有這麼一個解釋，說我們智人這一支之所以最後能夠勝出，是因為我們不僅學會了使用語言，而且學會了把語言派上了一個非常獨特的用場，那就是背後說人壞話，八卦，這就是庸眾的迫害。

你可千萬別以為語言發明的目的是為了交流訊息，你想，在原始人那麼簡單的採獵生活場景下，有多少訊息需要交流？比如說河邊有一頭獅子，這種簡單的訊息別說人類，就是其他的高級哺乳動物，比如說猴吧，牠就會交流這種訊息。

而且語言學家研究發現，越是原始的部落和文化，它的語言現象，尤其是語法系統，就越加複雜，比我們當代人使用的語言要複雜得多。那他當時為什麼需要這麼複雜的一個交流體系？解釋就是，他需要背後說人壞話，哪家的婆娘不正經，哪家的小馬駒沒有長大，誰跟誰又鬧矛盾，誰背後還偷人錢，就這些事，漸漸地就起到一種增進協作的效果。

你說這怎麼聯繫起來的？最早的人類的群體往往是一個小的家族，大家都是血緣近親，十幾個人生活在一起，這當然不需要說壞話，因為非常容易互相瞭解。可是人類這個物種之所以有力量，就是因為他能夠不斷地擴大協作的圈子，這個物種可不是靠個體的單打獨鬥能力來生存的，是靠不斷地增大協作來獲取力量。

從最早的十幾個人的小部落，擴展到幾十個人的小部落，整個人際關係就要複雜得多。比如說五十個人部落，一對一的關係就有一千多個；如果相對三五成群小團夥的關係，那就是一個非常複雜的社會網路系統。怎麼把這五十個人當中不可靠的人給識別出來？語言的這種背後說人壞話的能力，就派得上用場了。

說白了，人類從十幾個人一直到一百五十個人的時候，我們靠的協作的一個重要工具，就是八卦，就是背後說別人的壞話，就是這種庸眾的迫害。你不按我的想法來，你跟我們大夥都不一樣，我們用口水淹死你。在那個階段，這種做法是正當的，是推動人類這個種群向前發展的。

為什麼提到一百五十這個數字？這是一個英國的社會學家提出來的，叫「鄧巴數字」。意思是說我們進化過程當中，人類智力留下來的帶寬，只允許我們認識一百五十個人。如果再多，比如微信通訊錄裡有五千個人，其實沒有用，絕大部分人你根本不認識，因為人類這個物種的智力水平就限制在這個數裡面，這是大量調查統計最後得出來的結論。

那如果人數超過了一百五十人怎麼辦？我們再靠自己說別人壞話就不管用了，因為人太多，我們也不認識了。在更大的共同體裡面，我們就必須委託專業機構來幹這件事情。

05

請讓庸眾停止迫害

現代社會是一個更大的人類共同的協作體，必須出現專業的新聞機構，他們所謂的第四權力、無冕之王，這份光榮是從哪兒來的？就是我們這些庸眾把說別人壞話的權利委託給他們，你們替我們來識別這個社會誰不應該跟我們協作，把他們剔除出去。

新聞機構的使命就包括監督官員，監督企業，監督名人，從社會功能上講，它起到的作用跟原始社會在牆根底下聊天的人們沒有什麼區別。現代社會的新聞媒體，它可不僅僅是一個產業，它是社會建構的一個必要的板塊。

但是我們說完了他們的好話之後，你有沒有注意到，整個人類社會發展其實還有另外一個趨勢，就是我們對他人其實越來越寬容，他人的私生活的邊界越來越清晰，人類整個社會制度是越來越傾向於不干涉他人的私生活。圖靈之所以受到迫害，是因為他生活在英國的那個年代。

可是如果你再往前倒一百年，你知道在英國一個同性戀被抓住是什麼結果嗎？直接是死刑。直到今天，在中東的一些國家還有這樣的法律，但是英國人所代表的是世界文明的主流趨勢，對同性戀這個現象越來越寬容。

從一八六一年開始，英國人就廢除了同性戀者要判死刑的法律，但是活罪還是難免。從那一天起，一直到一九六七年的一百多年間，對同性戀行為還是要判刑，只不過比較輕，兩年的監禁或者是苦役。一共判了五萬多人，其中既包括圖靈，還包括那個著名的英倫才子王爾德，他是一八九五年到一八九七年，坐了兩年的苦役牢。

一九六七年的時候，英國人覺得這事就是私事，國家管個什麼勁？就把同性戀從刑事犯的序列當中拿出來了，交給民間的道德法庭吧。到了二〇〇九年，英國首相布朗第一次在公眾場合下承認，對不起圖靈，當年搞錯了。

到了二〇一三年的時候，英女王就正式赦免了圖靈，這說明在法律上，是撤銷了那個時候的判決，然後對圖靈進行致敬；到二〇一五年的時候，美國法律居然允許同性戀的婚姻。這一百多年的歷史，是逐步放開的歷史。

這似乎跟我們前面講的那個總趨勢是反的，原來我們是要求別人跟我們想的一樣，活法也完全一樣。可是為什麼現在我們漸漸地允許別人按照自己的活法去活？其實從人類的進化史上，我們也可以得到解釋。

你可千萬別覺得這是什麼道德的進步，這恰恰是道德的退步。因為道德生下來就是要干涉和限制他人，而且任何一條道德準則，你把它單拿出來，用邏輯去追問，你會發現它都站不住腳，沒有什麼道理可講。

可為什麼人類還得有道德？因為它符合人類這個物種生存和繁衍的總利益。人類這個物種之所以區別於其他物種，因為它能結成更大的協作體，以獲取力量。那什麼東西做為這個協作體的黏合劑？道德就是其中最重要的一種，所有的人按照大致類似的方式去生活和行動，每一個人都按照他人期待的方式去行動。那這個時候我們就更容易結成協作體，以獲取力量。

可是在人類文明的深處，還有另外一種力量在成長，那就是個體創造力的力量。而且越到現代社會，這個力量就越加醒目。你想想看，如果沒有牛頓，沒有達爾文，沒有愛因斯坦這樣的人，那力學的定理、進化論和相對論，就沒準猴年馬月才出得來。在這些歷史的瞬間，一顆大腦的作用，其實超過了人類所有大腦作用的總和，越到現代社會，這個現象就越明顯。

我還記得前些年有一個中國留學生盧剛，把他的幾個導師，都是美國或者說全球空間物理方面頂級的專家，全部給槍殺了。當時報章上就有一個評論，說這幾個人死了之後，整個人類的空間物理發展水平，倒退了十年。可見個體大腦的創造力越來越重要。

而且借助像網路這樣的工具，一個人的創造力就更容易擴散為全人類的福祉。人類在進化的過程當中，漸漸就衍生出了一種機制，就是我們要不要去干涉這些人的創造力？我們讓他自行其是好了，只要他不去禍害他人，我們就讓他自由地在那兒湧現他們的創造力。

在圖靈故事當中，其實還有幾個人物，比如說美國人馮紐曼，這是什麼人？一個匈牙利人，他父親是猶太銀行家。在歐洲，這也是過街老鼠人人喊打的一類族群。後來他們家整體移民到了美國，在普林斯頓大學，馮紐曼還是一副貴公子的派頭，據說每年都要換一部凱迪拉克，家裡是奢華得不得了，經常請同事到他們家去喝紅酒。馮紐曼還是整個美國科學界的社交核心，是一個非常張揚賣弄的人。

我再給大家舉一個例子，圖靈還有一位老師，著名哲學家維根斯坦，維根斯坦當年在劍橋大學那是神一樣的人物，完全不遵守學校的各項規章制度，什麼我上課還得去教室，沒有那個事，學生得上我家來，而且我家不提供座位，你們都得自帶小板凳，沒有小板凳的就坐地上。

維根斯坦這傢伙上課，跟學生就是抬槓，旁邊還得有人記錄，其中抬得最兇的就是這位圖靈。這些教授都有各種各樣的缺陷，當時社會怎麼能夠容忍得了他們？那種容忍幾乎到了沒有邊的程度。比如說馮紐曼和維根斯坦這兩個人的博士論文答辯都很有意思。

馮紐曼是在瑞士搞的，當時幾個老師都覺得你學問太大，我們也問不出問題。後來有一個教授哆哆嗦嗦問出一個問題，說你這身西裝不錯，這裁縫是誰？就問了這麼一個問題。

維根斯坦的博士論文答辯會就更過分，當時是著名哲學家羅素在主持，說你寫的東西其實我們也看不太懂。維根斯坦就上去，拍拍幾個導師的肩，說對呀，我寫的東西你們一輩子也看不懂。論文答辯就通過了。這種事情在今天，你能想像嗎？

但是如果對這樣的人沒有容忍，那就沒有他們的創造力的湧現。這些人還真不是說你知道他的才能，你把他擱在那兒，讓他去創造，我們忍了你，還真就不是這樣。馮紐曼，他最主要的學術研究成果其實是在數學上，所謂搞電腦僅僅是他的一個副產品。

我們再看圖靈，因為我們對他不加以容忍，他晚年的很多成果就出不來。說來是晚年，其實圖靈死的時候還不滿四十二歲，此後他能搞出什麼來，其實我們也不知道。我們現在知道的是，圖靈在後期，他的學術方向已經轉到了生物學上，因為他對人工智能感興趣。

如果假以時日，你怎麼知道四十二歲之後的圖靈不能在人工智能領域產生重要的突破？現在時間已經過去六十年了，人類在這個領域仍然是舉步維艱，也許我們就是缺的圖靈在四十二歲之後某一個瞬間寫下的片言隻語，給我們今天的人的啟發。但是這個片言隻語是什麼？人類永遠沒有那個福分知道了，因為它已經被斷送掉了，斷送在庸眾迫害的手中。

我們再回到今天，庸眾的迫害真的是無處不在，因為別人的生活觀念、行為方式我們看不慣，就要撲上去謾罵，真是戾氣滿天。《圖靈傳》這本書的作者霍奇斯，自己也是一個同性戀者。他在英女王赦免了圖靈之後，講了一句話，說不能因為圖靈作出了偉大的貢獻，才赦免他，那我們這些普通的同性戀者要不要得到社會、法律和道德的赦免？

如果我來回答這個問題，當然要，這不是因為我寬容，而是因為我懂得一個道理，每一個人都是獨特的，每一個人的創造力都是無可估量的。越往未來看，就越是如此。

我們現在就應該容忍每一個他人，按照自己喜歡的方式去生活，按照自己習慣的方式去創新，只要不侵奪我的利益，我完全可以袖手旁觀好吧？我為什麼要用一種庸眾的情緒和道德感，來迫害別人？萬一他的創造成功了，那受惠的是包括我在內的所有人，我們何樂而不為？

我們這些生活在現代社會的人，其實面對一個總的挑戰，就是我們的大腦和我們的思維、行為習慣，都是在幾百萬年前養成的，那是原始社會、採獵時代。短短的人類文明發展史，還不足以讓我們的大腦發生實質性的進化。

而現在，我們帶著這個大腦來到了現代文明社會，我們能不能夠克服自己的本能，來適應這個全新的時代？在原始社會，我們是靠背後說他人壞話來推動這個族群的進步。但是現在，我們需要閉嘴，來推動這個族群的進步。

我們過去老是講，愛和奉獻是推動社會建設的正向力量。今天我想提出一個新說法，就是適度的冷漠，其實也是推動社會進步的力量。我們對他人其實有的時候不需要那麼多愛，不需要那麼多奉獻，對他人的行為，我們做到閉嘴，做到放手，就已經很好了。

過去我們通過輿論瞭解世界，
現在輿論在情緒的扭曲下，
恰恰需要警惕。

要用批判性思考的方式，
來跳出自己的思維圈子，
來瞭解真實的世界。

第 4 章

麥克阿瑟

被遮蔽的「網紅」將軍

麥克阿瑟這一生最頂峰的時代，不是他打贏第二次世界大戰，
而是改造日本成功，直到今天，美國政界也是以此為榮，
在戰後成功地對日本進行了民主化改造，
要知道這件事真的是前無古人，後無來者。

引言

二〇一六年，「網紅」這個詞特別火。這是什麼意思？徐小平老師曾給它下過一個定義，就是不需要傳統的機構、權威對他進行認證和賦權，他是一種通過網路直接自我賦權的新權威形式，或者說影響力的來源。

網紅多了之後，自然就出現兩個問題。

第一個問題，我長得也不差，我怎麼才能紅？

第二個問題，是很多人站在旁邊質疑，說這玩意兒不就像流星或者煙花一樣，會迅速地從天空中滑落嗎？你怎麼能紅得久？

這兩個問題其實我也沒有答案。

我怎麼能更紅，怎麼能紅得久，我自己都不知道。

但我在看書的時候，突然想起了一個都快被忘掉的美國人，那就是第二次世界大戰和韓戰期間的美國將軍麥克阿瑟。我們先看看麥克阿瑟的故事，再來回看「怎麼才能紅，怎麼才能紅得久」這兩個問題。

01 表演型人格

麥克阿瑟這個人在中國老一代人的心目中，形象其實不是很好。為什麼？因為一九五〇年，他吹過一句牛。一九五〇年十一月，中國的志願軍跨過鴨綠江，抗美援朝。對面就是麥克阿瑟，時任聯合國軍總指揮。他當時就說了一句話：「這場仗，我打，兩個星期就能結束戰鬥，十二月底我們所有士兵都要回美國過聖誕節。」這個牛皮吹炸了，事實上韓戰一直打到了一九五三年的七月，才在韓國的板門店簽了和平協議。麥克阿瑟在中國人民的心目中就是這麼一個無恥的狂徒。

但是稍微瞭解一點世界歷史，尤其是軍事史的人都知道，麥克阿瑟這個人不得了，他可不是一個小丑。麥克阿瑟的一生其實貫穿了美國二十世紀上半葉的歷史，他參加了很多重大歷史事件。比如說第一次世界大戰，他就已經在歐洲戰場上，後來他當上了美國陸軍的總參謀長。第二次世界大戰，他是盟軍在西南太平洋上的總指揮，著名的跳島戰術就是他發明的。戰後又去改造日本，有一本著名的書叫《天皇的皇上有五顆星》。什麼意思？就是指戰後日本天皇上頭還有一個皇上，美國的五星上將麥克阿瑟。後來韓戰前半段他又是總指揮，這個人對美國歷史的影響非常深。

他跟中國的緣分，除了抗美援朝之外，其實他年輕的時候也來過中國，一九〇五年他二十五歲，做為他父親老麥克阿瑟將軍的副官，受美國政府委託到日本去當軍事觀察員。那個時候能觀察什麼？一九〇五年，日俄戰爭是在中國領土上打的，這父子倆是站在日本那一頭到過中國的東北瀋陽。

為什麼我們今天說麥克阿瑟是個網紅？我們首先看，他的本錢實在是太好了，首先是將門虎子，他父親是美國的將軍，曾經當過美國駐菲律賓的軍事總督。他自己又特別爭氣，在西點軍校創下紀錄，四個學年，年年第一名，到今天為止這個紀錄也沒被人打破過。他的軍旅生涯，更創造了很多項第一，最年輕的准將、最年輕的陸軍總參謀長……他還是美國軍隊獲得勳章最多的人，而且身體還特別好。

麥克阿瑟在戰場上有一個很著名的標誌——勇敢。這勇敢到了已經非常誇張的程度，他拒絕一切防護措施。鋼盔、防毒面具，那是根本不會戴的。美國陸軍當中最著名的二愣子是巴頓將軍。可是巴頓將軍有一次寫信回家，說我佩服這傢伙，太勇敢了。有一次他們兩人同時出現在第一次世界大戰的戰場上，炮打過來，麥克阿瑟不戴鋼盔，就在那兒站著。巴頓說，我也不能認輸，也跟著在旁邊站著。麥克阿瑟就看了他一眼。正好這個時候一個炮彈飛來，在身邊不遠處爆炸，熱浪掀過來，麥克阿瑟不為所動，站得筆管條直，而巴頓往後面退了一步。後來麥克阿瑟就跟巴頓說，嘿，能炸死我的炮彈，現在還沒有生產出來。

湊齊了這些條件，才有當網紅的資本。

不過想當一個網紅，可能還得有另外一項天分，就是得會表演。麥克阿瑟簡直是天生的表演型人格。後來的美國總統杜魯門見到他的第一面就說，這個傢伙怎麼從頭到尾都是在表演。著名的馬歇爾將軍也這麼評價他，說麥克阿瑟這個人脫下軍裝，換上西服，就是個影帝。

我們現在在網路上搜索麥克阿瑟的圖片，你會發現他有一項驚人的能力，會管理自己在公眾場合下的形象，照片都有驚人的一致性。他穿個皮夾克，嘴裡叼一根玉米芯的菸斗。這是什麼？就是把一根玉米棒上的玉米粒剝掉，中間鑽一個孔，烤焦，在裡面插上菸嘴，可以當菸斗用。這種菸斗說實話，就是民間的土辦法，但是很別致。

我看過一些材料，說麥克阿瑟這個人其實菸癮不大，他私下裡也不抽這種菸斗，但是只要在公開場合露面，馬上就抽玉米芯菸斗。

而且他戴的那個軍帽也很特殊，麥克阿瑟的身高正好是一百八十公分，在美國人當中不算特別高。但是他帽子特別高，而且帽子弄得花里胡哨，杜魯門第一次見到這個帽子，說這簡直就像雞蛋和香腸給弄爛了，糊在這個帽子上一樣。

這個帽子是怎麼回事？它其實不是美軍的軍帽，它是菲律賓的元帥帽。因為麥克阿瑟兼任菲律賓元帥，菲律賓人給他定製了這麼一頂帽子。你要是到過菲律賓就會知道，它街頭上的汽車都是漆得花里胡哨，這是那個民族一貫的審美風格。麥克阿瑟一生都頂著那頂帽子。

麥克阿瑟不僅會管理自己的形象，而且他知道這個形象在什麼時候讓新聞記者拍到對他最有利。最典型的一個場景，就是一九四四年他率軍打回菲律賓的時候。因為當年他是菲律賓的統帥，後來讓日本人攆到澳洲去了，一九四四年反攻成功。在登陸的時候，你坐船登陸就完了嘛，不，快到岸的時候，停，停，他自己從船上下來，跳到海水裡，涉水登岸。新聞記者在岸上一通狂拍，他上岸之後只說了一句話，我曾經說過我會回來的。這跟灰太狼的台詞差不多。

但是你要知道這段話和這段鏡頭，當時拍了好多遍，這遍不行，再走一遍，記者也跟著他下海，再拍。果然這個照片就登滿了美國報紙的頭版頭條。

今天我們講製造一個網紅的所有手段，比如說標準的形象、獨特的造型、公眾的記憶點，所有這些東西人家麥克阿瑟當年都是無師自通，就像今天很多人為發朋友圈專門去做一件事。麥克阿瑟精心設計的那些場景、那些照片，算是刷遍了那個時代的朋友圈。你說這個人是不是天生就是個網紅？

那他紅成了什麼樣？我們來舉一個例子，一九五一年四月十一日，杜魯門總統罷免了麥克阿瑟，把他徵召回國。這是很正常的人事任命，因為杜魯門是總統，在美國軍隊當中是三軍統帥，撤你一個將軍的職，合理合法。在韓國戰場上，麥克阿瑟已經變成了敗軍之將，被中國人趕過了三八線。很多人也都知道，你們兩個人在很多大政方針上意見也不一致，撤你的職是一個特別正常的安排。但是輿論可不這麼看，很多美國老百姓覺得，麥克阿瑟是我們美國人的民族英雄，而你杜魯門算什麼，要不是當年羅斯福提拔你當副總統，而且他老人家走得早，哪有你當美國總統的分。當時有一個民調，麥克阿瑟的支持率居然飆升到了69％，而杜魯門貴為總統，支持率居然只有26％，每天大量的信函、電報湧向白宮，都是痛罵。

我在《光榮與夢想》這套書裡還看到了一個小細節。當時杜魯門總統的國務卿叫艾奇遜，艾奇遜有一次在街上叫計程車，上車之後，司機反問他是艾奇遜吧？嗯，我是。司機不吱聲也不開車。艾奇遜說，是不是我名聲不好，我該下車了？司機說，對，你該下車了。大街上連司機都不載他，可見這屆政府，真是名譽掃地。

可是反過來再來看麥克阿瑟，風光一時，他離開日本東京的時候，二十五萬人送行，老百姓是哭成一片，這在世界歷史上也算是一個奇觀。一個占領軍的司令官，已經把日本閹割了，從此你不能有軍隊，這樣的一個人，日本老百姓卻對他非常感激。

麥克阿瑟坐船回到美國，第一站是在舊金山。下了船之後，到自己的旅館的這十四英里走了兩個小時，老百姓夾道歡迎。到了華盛頓，三十萬人迎接，後來到了紐約，據說當時為迎接他拋撒的紙屑就將近三千噸。這是什麼概念？幾個月前，艾森豪回國的時候，拋撒的紙屑據《光榮與夢想》判斷，大概只有這次的四分之一。幾十萬老百姓上街迎接。還有工人罷工、學校停課，人們在遊行的隊伍中泣不成聲。據說當時還有十八個人因為過於激動而被送到了醫院。你說老百姓，一方面愛，一方面恨的情緒已經快被點燃。

到了四月十九日，麥克阿瑟在美國國會進行了一場在歷史上非常著名的演講，這次演講留下了一個金句，叫「老兵不死，只是逐漸凋零」。

這段演講一共三十六分鐘，被掌聲、歡呼打斷三十次，基本上一分鐘就被打斷一次。當時有一個議員在底下看著直冒冷汗，說虧得只有三十六分鐘，如果再長一點，老百姓的情緒若被點燃，那白宮門前肯定會出現示威遊行。因為這場演講是直播的，有三千萬美國人觀看，整個美國的政局屆時到什麼程度可就不知道了。

這不就是個網紅嗎？但是話又說回來，你既然那麼能幹、那麼紅，那為什麼在韓國戰場上打敗仗，還把自己的頂頭上司給得罪了，最後烏紗帽都沒了，這總得有個解釋吧？你不是一貫正確、一貫偉大嗎？這一跤你是怎麼跌的，下面我們來詳細解釋。

02 韓戰昏招連出

過去我看有人評價是麥克阿瑟性格不好，過於張狂、虛榮、目無尊長，杜魯門出於自尊心受不了才撤了他的職，這肯定是胡扯，為什麼？因為杜魯門是一個政客，他心裡很清楚，麥克阿瑟形象光輝偉大，幹什麼要得罪網紅？你幹得好，功勞全部記在他總統的帳上。

我們舉個例子，一九五〇年的時候，雙方見了一次面，因為當時韓戰已經開打了，總統和前線的將軍總得商量一下怎麼打。見面的地點是今天夏威夷附近的威克島，在太平洋的中部。看看地圖，麥克阿瑟從東京起飛到威克島是四千英里，而杜魯門貴為總統從華盛頓萬里迢迢趕過去，是一萬四千英里，這說明什麼？移樽就教，禮賢下士，我多跑路，你少跑路，我來聽你的意見，這個姿態擺得很好了。

下了飛機之後，按說這兩個人見面，你是將軍，他是總統、三軍統帥，行個軍禮總是可以的吧？這也是規矩，不，麥克阿瑟就是輕輕地扶了一下杜魯門的胳膊，就算是敬過禮了。然後兩個人坐下來會談的時候，杜魯門像個小學生一樣，攤開筆記本在那兒做筆記，麥克阿瑟一個人在那兒講他的戰略、戰術。

杜魯門對他第一印象就特別不好，但是絕不意味著雙方就要翻臉，做為政客杜魯門這一點心胸還是有的。雙方為什麼鬧到了最後那個地步？是因為麥克阿瑟不斷地突破杜魯門，甚至是整個美國政治的底線。

這個過程大概是三個階段：

第一個階段，是韓戰剛剛開始打的時候。麥克阿瑟覺得我是戰場指揮官，你們必須給我更多的兵，這一場仗是必勝。但是杜魯門手裡沒有兵，第二次世界大戰之後美軍大量復員，剩下來的軍事主力主要是放在歐洲和蘇聯對峙，剩下的一些雜牌軍基本都投放到了韓國戰場，但是麥克阿瑟覺得不夠，找你白宮要你又不給，那怎麼辦？老爺子我自己想辦法，他想到了逃到台灣的蔣介石。一九五〇年七月底，他跟誰都沒打招呼，就飛到台灣跟蔣介石和宋美齡見了一面，尋求互相協助。杜魯門第二天在報紙上看到這個新聞，大驚失色，因為外交權是總統的權力，你一個軍人搞什麼外交？引發國際上的其他震盪，你根本就控制不住，杜魯門非常生氣。

到了一九五〇年八月二十四日，麥克阿瑟又在一次演講中，話裡話外抨擊杜魯門的政策，說他膽小，在亞洲縮手縮腳。麥克阿瑟做為一個下級，軍人的天職是什麼？服從命令，他不僅不服從，還抨擊上級的政策，面對公眾開講，這網紅當得有點過界了。杜魯門就非常不客氣地給他下了一個命令，說你這次講話必須給我收回，這是一個軍事命令。還在私下給他寫了一封信，說你不能這麼幹，這是底線，你不要跨過來。

第二個階段，是在一九五一年初。當時中國人出手了，把美國人迅速地趕到了三八線以南，美國吃了一個大虧。這個時候杜魯門身邊的人都知道，美國不可以在亞洲陷得太深，他們主張在軍事上要保守一點，在政治上積極謀求解決。但是前線的麥克阿瑟不幹，他一輩子沒吃過這麼大的虧，原來被日本人打敗過，那就一定要打過去，一定要打到占領日本為止，他覺得對中國這仇一定要報。麥克阿瑟四處在喊一定要轟炸中國，轟炸範圍不能止步於鴨綠江，甚至要轟炸中國所有的沿海城市，他還提出來要在中國投放二十顆以上的原子彈。這得多大仇多大怨，當年打日本也就兩顆原子彈，竟然要給中國扔二十顆以上。

在華盛頓這幫人看來，就是前後方的意見高度不一致。在國防部的一次會議上，據說開完之後沒有拿出任何方案，因為所有與會者都知道，你拿出任何可行的方案，尤其是符合杜魯門設計的方案，麥克阿瑟都不會執行，事實上這個時候麥克阿瑟已經指揮不動了。據說李奇威將軍聽完這件事兒後，感嘆一個將軍指揮不動了，難道不應該撤職嗎？這是第二階段。

第三階段，就是李奇威帶領美軍又開始跟中國人拚命，雙方隔著三八線開始對峙，局面向著有利於美國那邊開始緩和。這就是政治談判最好的時機，這時候杜魯門已經開始準備政治談判了，但是麥克阿瑟還是不幹，一定要打過去。他在一九五一年三月二十四日，在杜魯門準備談判的時候，跑到韓國發表了一通演講。首先是把中國領導罵了一通，再把中國貶得一無是處，說你們等著，我要馬上擴大戰爭，你們國家馬上就要崩潰了，等等。

這在中國人耳朵裡，不就是最後通牒嗎？這不就代表你美國的態度嗎？我們中國人怎麼知道杜魯門在華盛頓是馬上準備要發表一個和平宣言，要呼籲停火。因為在杜魯門看來這場戰爭打不贏，打贏了也沒什麼意思，為什麼還要接著往下打？正好我打你一下，你再打我一下，現在我回過頭去，我們倆正好對峙，不正好坐下來談判嗎？可是所有的這些政治運作，因為這通演講只好停下來。杜魯門當時非常生氣，說我恨不得把這個傢伙一腳踢到太平洋裡去。

但是我們得說，這個時候已經不是個人恩怨問題、誰的面子問題，這已經觸及了美國政治的真正底線——軍人不能干政，尤其不能用這種方式直接對抗你的長官。即使是為了這個政治制度本身的嚴肅性，撤你的職也是應該的。

後來就發生了前面講的事情，一九五一年四月十一日，杜魯門總統召開新聞發布會。這個新聞發布會是在夜裡一點開的，為什麼？因為杜魯門害怕麥克阿瑟事先得到消息，主動辭職，政府臉上就會特別難看，臨時決定夜裡開新聞發布會，華盛頓的政治記者睡眼惺忪趕到了白宮，聽到了這個爆炸性消息。後面的事我們都知道，造成了一場輿論上的軒然大波。

看到這兒，你不覺得這個人特別奇怪嗎？他年輕的時候是那樣英明神武，在戰場上也做出了很多成績，可是為什麼在他七十歲那年就犯了這樣的糊塗？

我們中國人似乎更容易接受一種敘事，一個大英雄年輕的時候是不錯的，但是老了、驕傲了、自大了或者說昏聵了，就辦出很多壞事，但是我從來不相信這個。一個人無論是成還是敗，他背後一定是一個道理，麥克阿瑟身上我們需要再建構一套解釋，為什麼他年輕的時候英明神勇，卻在韓國戰場上表現得如此糊塗？

03 只看得到一件大事

現代英國思想家以賽亞・伯林寫過一篇長文，叫《刺蝟與狐狸》，這是脫胎於古希臘的一句諺語，狐狸知道很多事，而刺蝟只知道一件大事，狐狸打獵巧計百出，但是刺蝟在逃避自己天敵的時候，只知道一件大事，我得捲起來，把所有的刺張開，別人就奈何不了我。以賽亞・伯林寫這篇文章時實際上是把人類的思想家分成這兩類，狐狸型和刺蝟型。

所謂刺蝟型，他是一元論價值觀，他知道這個世界上有一個他應該反覆闡釋和思考的真理，誰是這種人？但丁，他寫的《神曲》這個文學作品，讀完之後用一句話能概括，「好人上天堂，壞人下地獄」，他一生就在闡釋這麼一個道理。哲學家黑格爾也是這樣的人。

什麼是狐狸型的思想家？他知道很多事，但對很多事也未必有一個確定性的判斷，真要去研究他的作品，你會發現很多東西好像還自相矛盾，這是多元論的價值觀。比如說莎士比亞是大文豪、大思想家，可是你總結得出莎士比亞一生堅持什麼樣的價值觀嗎？好像什麼都有，但什麼都不確定，再比如德國大文豪歌德也是這樣，這就叫狐狸型的思想家。

我們現在講的不是思想，而是一個實踐者，他應該是一個狐狸還是一個刺蝟？看到這你就明白了，麥克阿瑟就是一隻典型的刺蝟。他這一生無論是成是敗，本質上就是因為他只打一張牌，而且打得特別好。麥克阿瑟這一生其實最頂峰的時代，不是他打贏第二次世界大戰，而是改造日本成功，直到今天，美國政界也是以此為榮，在戰後成功地對日本進行了民主化改造，要知道這件事真的是前無古人，後無來者。當年的德國不算，德國是打完了最後一槍一彈倒在地下，被盟軍按著頭進行了改造。戰後美國打贏的仗是不少，可是義大利、阿富汗、利比亞，有哪個地方被成功地改造了？直到今天都是爛攤子，唯獨日本變成了一個現代化國家。這活兒誰幹的？麥克阿瑟幹的，幹得漂亮。

回到一九四五年那個特定的歷史場景，就知道這件事其實很難，因為當年的日本在宣布投降的時候，武裝力量都還在，幾百萬士兵、幾百艘戰艦、上萬架飛機，雖然可能沒油了，飛不動，但日本人畢竟早就開始準備本土決戰，當時他們提了一個口號叫「全民玉碎」，指的就是跟美國人要拚到最後一個日本人倒下。在太平洋戰場上日本人善戰的精神，美國人是領教過的，幾乎就抓不到俘虜。日本人光說自己投降，萬一是一個坑？騙我的占領軍過去，最好還有麥克阿瑟這樣的高級將領過去，再給我來個「包餃子」殲滅戰，鼓舞士氣，以利再戰，那可怎麼整？就算這不是一個陰謀，如果日本人那種反抗的精神非常狂野，民間出現游擊隊，夜裡給你摸個哨這種事兒，占領軍也受不了。當時麥克阿瑟帶著四千占領軍去日本的時候，其實是抱著必死的信念，後來邱吉爾就在他後面給他點讚，說這是人類歷史上最偉大的冒險行動，麥克阿瑟身邊的人也觀察到，這個人平時連鋼盔都不戴，更別說帶槍了，這次去日本身上裝了一把槍，幹嘛用的？就是關鍵時刻準備自我了斷的，他都沒打算回來。

剛到日本的第一天，麥克阿瑟就發現這個國家真的是要完了，為什麼？在他入住的大飯店裡吃晚飯，居然連一顆雞蛋都找不到。麥克阿瑟就知道了，要想制伏日本人第一件事就是給他們吃的，他大規模從美國境內調糧食到日本，這就像你進一個陌生的村，村裡全是餓狗，你唯一能做的事情就是帶一袋肉包子。緊接著麥克阿瑟就找到了手裡的那張大牌——日本天皇，要不怎麼說麥克阿瑟是個刺蝟？刺蝟的本事就是知道那張大牌。麥克阿瑟的觀察是，日本這個民族太奇葩了，天皇說要打仗全民就跟瘋了一樣地打；天皇說不打了，全民就跟機器人被拔了電門一樣，真的就不打了。在整個日本的占領期間，居然沒有發生過一次反抗性事件，你可以想像一下我們中國，抗日戰爭的時候就算中央政府蔣介石投了降，我們老百姓會幹嗎？肯定是遍地游擊隊，反觀日本民族太聽話了。麥克阿瑟講過一個笑話，如果我給一個日本人醫藥盒，讓他一天吃三次藥，他肯定不信我，出門就得給扔了；可是只要我在藥盒上印上幾個字，說天皇讓你一天吃三次藥，你放心，他肯定乖乖地吃，天皇是控制日本的一個關鍵大牌。

我們經常講，當年二戰結束怎麼就不追究日本天皇的戰爭責任？回到一九四五年，回到麥克阿瑟的處境，你知道那是不能動的底線，天皇就像一根線，把這七千多萬人穿起來，如果這根線一剪斷，真的是滿地爬珠子。當年美國國內也有人這麼提議，把天皇押上軍事法庭處決，麥克阿瑟說少來這一套，如果要動天皇，你得給我多派一百萬占領軍，因為一個天皇頂二十個師團，這是麥克阿瑟非常清醒的認知。他剛到東京的時候，很多人給他出主意，來了還不抖抖威風，把天皇叫來訓訓話，麥克阿瑟說使不得，天皇不能侮辱，你會激怒日本人，後面發生什麼事就不知道了，得等天皇主動來找我們。後來日本天皇給他打了個電話，我們倆是不是應該見見面？天皇主動來見麥克阿瑟，麥克阿瑟對他很客氣，一見面還遞了根菸，天皇激動地站起來哆哆嗦嗦接了這根菸。因為天皇也不知道自己的命運，要不要被押上軍事法庭，後來麥克阿瑟發現這傢伙也太緊張了，說你們都撤，只留下一個翻譯跟他好好聊天。

後來聊著聊著，這兩個人關係還真是處得不錯，麥克阿瑟手裡握住了天皇這張牌，其實就是攥住了日本的所有命脈。比如，後來改造日本憲法，這事容易嗎？不容易，日本人各種反抗，麥克阿瑟說你們起草憲法我看都不行，從美國國內調了幾個年輕人，說你們就按照我的意思寫。現在的日本憲法就是幾個美國的年輕律師起草的。麥克阿瑟拿來一看，改了一個拼寫錯誤，就直接扔給日本人，你們就用這套憲法吧。日本人一看，第一，天皇變成了一個虛軍職，天皇沒有實權；第二，剝奪了日本以後再發起戰爭的權力，拔掉了它的爪牙。當時日本人不幹，各種反駁，麥克阿瑟就一句話，說我要保住天皇，說服蘇聯人接受天皇還在位，你就得接受這套憲法，否則天皇我保不住。日本人當下就被說服。

現在我們再看那四、五年的時間，麥克阿瑟改造日本，他看似做了很多精密的安排，其實最終有效的就一招棋，把天皇當作人質扣在手裡，逼日本人各種就範。麥克阿瑟有政治智慧嗎？可能也有，但是這個政治智慧背後最堅強的後盾就是手裡這一張牌。一九五一年麥克阿瑟離開日本，到底是天皇救了麥克阿瑟還是麥克阿瑟救了天皇，這件事還真不好說。但是從這件事情裡我們看出麥克阿瑟處理事情的一個特點，就是握住那一張大牌。一張什麼牌？就是麥克阿瑟認死理，在打仗這件事情上美國是一定要贏，因為一直在贏，而中國是肯定不行，他多次跟人講，中國這樣的國家連工業化都沒有完成，它用什麼跟美國打？麥克阿瑟一直就認為中國不會出兵，後來中國參戰了，他又覺得只要我美國再多加一份力量，比如說轟炸一下中國的沿海城市，這個國家就一定會崩潰。你說麥克阿瑟想錯了嗎？這就是當時明擺著的事實，打仗打的就是國家實力，這兩個國家實力相差如此懸殊，答案還有什麼懸念？在麥克阿瑟看來，杜魯門瘋了嗎？為什麼要跟中國搞政治談判？他私下講過一句話，說杜魯門之所以作出這樣的決定，是因為他精神已經瀕臨崩潰，要不然他不會這麼幹的。

這就是刺蝟的問題，刺蝟確實知道一件大事，你也不能說他知道的這件事就錯了，但是他缺乏狐狸的視野，狐狸知道很多件事——刺蝟完全不知道。他跟杜魯門之間的矛盾，本質上就是一個刺蝟型人格和狐狸型人格之間的矛盾，至於麥克阿瑟個性上的缺陷僅僅是推波助瀾而已。

麥克阿瑟有什麼東西他沒看到？至少有兩層關係他沒看到。麥克阿瑟沒有看清楚的第一層關係，中國到底是一個什麼樣的國家。他以為擴大韓戰，把中國捲進來，我也一樣能打得贏，可是美國圖什麼，你本來只是要打贏韓戰，這就好比我們開個窗戶發現打不開，難道要把屋頂給掀了嗎？打仗總得有個為什麼吧？如果跟中國全面開戰，你真的有把握打得贏嗎？如果共產黨利用中國廣大國土的戰略縱深，跟你周旋到底？請問美國這個血流到什麼時候為止？麥克阿瑟做為軍人，考慮的僅僅是打不打得贏的問題，可是做為總統的杜魯門，他得考慮划算不划算的問題，這就是麥克阿瑟做為一個刺蝟完全想不到的世界。

第二層關係，麥克阿瑟也沒有概念。美國是有全球利益的需求的，在全球它要配置資源，哪個戰略優先？毫無疑問，當時歐洲是優先的，麥克阿瑟到處叫喊，我們要在中國扔二十顆原子彈，你知道最害怕的人是誰嗎？是英國人，英國首相艾德禮一聽這個消息馬上就跑到美國，去見杜魯門，問你們說的是真的假的？麥克阿瑟在前面胡說，你們美國人可要知道，你們的戰略重心是在歐洲跟蘇聯對峙，如果你在中國扔那麼多原子彈，美國會陷進亞洲，我們這些盟國誰來保護？你一定得給我保證不能扔。杜魯門被他煩死了，最後保證不扔，要扔也提前跟你們打招呼，徵得你們的同意。

這就是麥克阿瑟幼稚的地方，他完全沒有辦法理解那麼複雜的世界，知道那麼多的事情，這就是一個刺蝟型人格的悲劇。當然了，如果他僅僅是一隻刺蝟，那也就還罷了，問題是他是一隻網紅型的刺蝟，他的悲劇可就不止於此了。

04 網紅將軍的盲區

麥克阿瑟是一個刺蝟型的人這本來也沒有什麼，因為人類歷史上很多傑出人物都是刺蝟型，他們沒有很開闊的眼界，只是在自己專精的那一行裡面幹得不錯。但麥克阿瑟可不是這個情況，他不僅在自己的領域裡面擁有力量，還試圖訴諸輿論，依靠粉絲的支持和熱捧來放大自己的力量，而且他還主動追求這種放大，這就有問題了。為什麼？因為網紅，好處是鮮花、掌聲和金錢，但是代價你有沒有考慮過？麥克阿瑟在這個方面也是陷入了盲區。

我們簡單分析兩個代價：

第一，網紅通常都會和他的周邊環境形成零和博弈關係。

第二，網紅的身分會遮蔽你對真相的認知。

這是什麼意思？我們先來看第一條，為什麼說是零和博弈，因為這個世界什麼資源理論上都可以靠知識來做更多的開發，很多資源越用越多，唯獨一項資源是絕對剛性，那就是公眾的注意力。因為每個人的時間就那麼多，能夠把這個時間調集起來，把目光投射到你身上，就是所謂的眼球效應，全社會就那麼一丁點兒，你占據了，別人就一定沒有。為什麼影視界的女明星們關係不容易搞好，經常有各種大戰，就是因為這個剛性約束，這部戲你上了，我就沒機會了；你紅了，我就一定紅不了，這裡面就有頭部效應，只有頭部的那些人才能夠吸引足夠的注意力，剩下的長尾是沒有價值的，這就是注意力的鐵定法則。

換句話講，如果你想當一個網紅，你就是要吸引更多的注意力，對不起，這個行為就是排他的。你要想紅，那就只能讓聚光燈完全打在你一個人身上，你就必須剝奪身邊其他人享受注意力的機會，這聽起來很殘酷，但是沒辦法，你想當網紅，你就必須加入這個零和博弈的遊戲。

這一點在麥克阿瑟身上體現得尤為明顯。表面上的麥克阿瑟只是有一些性格缺陷，過於自大、虛榮，比如說老是在自己的身後放一面大鏡子，顯得自己看起來高大，而且提到自己的時候一般都不用第一人稱我，而是直接稱呼自己的名字，「偉大的道格拉斯・麥克阿瑟這麼認為」。但實際上這都是我們前面講的那個邏輯的結果。

在《光榮與夢想》這本書裡，曼徹斯特就評價他在第二次世界大戰期間的表現。當時他是南太平洋地區的司令長官，他在戰區裡面一共發出了一百四十二封戰報，其中有一百零九封開頭都是說，麥克阿瑟的軍隊如何，好像這個軍隊都不是美國人民的，是麥克阿瑟自己的，突出自己的英雄形象。他手下的將官說過這麼一句話，我寧願一條毒蛇跑到我的口袋裡，都不願意被報紙表揚一下。為什麼？因為他被報紙表揚過，麥克阿瑟就把他叫來，你什麼意思？你要是再敢這麼幹，我明天就讓你捲鋪蓋回老家，你信不信？麥克阿瑟珍惜舞台到了這種程度。有這種性格的人，他自然就不太在乎其他人的感受，也很難有良好的合作。

比如說，麥克阿瑟對日本人有恩，把日本人從戰後的狀態中拯救出來，他離開日本的時候，日本人民夾道歡送，甚至有一些匠人為他打造了一套和服，一共縫了七千萬針，有七千萬日本人民一人一針的寓意。

按說這是一個恩人、救星般的角色，可是後來麥克阿瑟在一次國會的聽證會當中，別人就公開問他，你對日本這個民族怎麼看？他說日本民族就是不成熟，德國，那是一個成熟的民族，大概有四十五歲，日本人很不成熟，也就十二歲，我們就得管著他。這番話在公開場合一說，日本人的自尊心哪受得了？當時日本人還準備建麥克阿瑟紀念館，然後頒發給他一個資格，叫永久國賓，一聽說這個話，當時就決定都不給了，日本人跟麥克阿瑟的感情也就這麼淡下去了。你逐漸就變得沒有朋友，這就是當網紅的宿命。

我在一個公開場合就見過這麼一位女士，她到處找人合影，比如說一看這是名人，她就迅速上去，某某老師我要跟你合個影好不好？人家說好，她掏出手機一起自拍，自拍完了之後連謝謝人家都來不及，馬上就轉到下一個人，將這個人就晾在當場。當時我們站在旁邊看，認為這個人太沒素質了，可是回頭一想，她想當網紅的心態就是這樣，因為在到處都是名人的場合，她必須要搶這個時間，搶奪公眾注意力，發個朋友圈，大家看我跟名人在一起，她沒有時間跟別人客氣。網紅的宿命就包含這條規則，她一定會把周邊的人給得罪光。

麥克阿瑟的名聲在美國的政界後來就臭掉了，為什麼？他因被杜魯門解職這件事情在國會開了一場聽證會，這個聽證會上幾乎所有正經的行政官員，包括那些將軍們都反對他，比如著名的馬歇爾將軍，就說我們當時有什麼辦法？我們必須撤他的職。麥克阿瑟最後混到了幾乎是孤家寡人的地步，既然你跟身邊的人零和博弈，最後只能落得這樣一個下場。這是我們講的當網紅的第一個代價。

還有第二個代價，你幾乎不知道事實是什麼樣。因為你聽到和看到的都是山呼海嘯般的掌聲和鮮花，你怎麼知道這個世界對你的真實看法是什麼？因為輿論這個東西其實特別脆弱，當時大家熱捧你，給你鮮花和掌聲，甚至熱淚盈眶，甚至為此激動得去住院，但是這個情緒真能保持嗎？其實誰都不知道。

麥克阿瑟回來的時候是一九五一年，到一九五四年，他還想衝刺一下競選美國共和黨的總統，但是在黨內投票的時候，他只拿到了十張票。只過去了三年，這個人就被輿論拋棄掉了，輿論這個東西，別看表面上烈火烹油，但是非常具有欺騙性。

我們再舉一個例子，杜魯門。杜魯門的出身其實特別憋屈，他當了十幾年農民，後來才參政，這個人特別粗野，講話的口音也是美國中西部的口音，在政界特別不受待見。他當上副總統，是因為前總統羅斯福已經覺得自己命不久矣，但是他又怕民主黨分裂，想來想去最後只好選杜魯門來當他的副總統，這是民主黨內部大家都接受的一個人選。剛開始杜魯門不幹，說這個副總統不就是一個名譽職務嗎？我不幹，最後羅斯福是當著他的面給別人打電話，說他不幹，民主黨將來分裂的責任他可是要承擔的，逼得他沒辦法，才當了一個副總統。

後來羅斯福一死，按照美國憲法，他就成了總統。他這個總統真的是毫無思想準備，羅斯福幹了那麼多年，威望那麼高，他只是一個沒沒無聞的人，又沒有性格魅力，他當總統真的是有點不適應。

話說在羅斯福總統去世的那一天，杜魯門得到消息，匆匆忙忙趕到白宮，迎頭就碰見了羅斯福夫人，他就趕緊上去問，總統去世了，我有什麼能幫到妳的嗎？羅斯福夫人看了他一眼說，你現在是美國總統，真正有困難的人是你，我倒是要反過來問，我有什麼能幫到你的嗎？

直到這個時候他完全沒感覺他已經是總統了，因為這個總統當得太便宜了，這個國家的很多事情他都不瞭解。比如說美國當時在開發原子彈，叫「曼哈頓計畫」，那是一個絕密計畫，杜魯門就不知道，上任之後臨時再來瞭解。

這總統憋憋屈屈當了四年，到了一九四八年再次選舉，很多人都覺得杜魯門肯定沒戲，你本來就不是威望的來源，你是靠著狐假虎威，跟著羅斯福上來的，而美國人民忍受民主黨已經這麼多年了，也該換個總統了。共和黨那邊的杜威這個時候呼聲非常高，無論是民調還是報紙，所有的媒體都支持杜威，達到了一比四的支持度，當時《新聞週刊》有一篇文章，講美國五十個政治觀察家一直預言杜威會勝出。共和黨到選舉的最後一天，甚至把酒店都包下來了，馬上準備要舉行慶功典禮，覺得毫無疑問，甚至很多報紙因為第二天要出版，將頭版直接寫杜威擊敗杜魯門當選總統。

但是萬沒想到，後來杜魯門又當了總統。為什麼？因為杜魯門也知道自己這個弱勢，他幹了一件事，做了當時美國歷史上時間最長、距離最遠的一次火車演講，他坐著總統專列，到各個地方去演講，哪怕一個小村鎮也停下車來，在最後一節車廂跟當地老百姓聊聊天，慰問一下老百姓，問問大家的生活怎麼樣，一天開過好多個城市，做好多場演講。你別覺得這種演講是宣傳自己的大政方針，他其實就是聊聊天，甚至拉拉票，他怎麼拉？說你們一定要選我，如果你們不選我的話，我沒有錢租房子，我就會被白宮趕出來，拉票用這種方式，完全不是政治主張。但是這一招就是管用，因為輿論這個東西特別不可靠，它容易給人製造一個假象，你覺得很多人都在支持杜威，但是實際上社會的底層因為杜魯門這一次火車之旅，已經被他拉動了，但輿論是根本不知道的。

這個現象其實在二〇一六年的美國選舉中也有所表現，很多人就覺得川普胡說八道，他怎麼能當美國總統？但是你別以為他胡說八道是沒有道理的。比如，他講過一句話，說現在墨西哥有太多人非法移民到美國，我們應該在美墨邊界建一道長城，把他們給擋住，這明顯是胡說八道。民主黨這個時候心裡就偷樂了，為什麼？因為墨西哥移民就是民主黨的票倉，川普這樣胡說不就是把新移民給得罪了嗎？但是這是輿論的表面判斷，而實質上很多墨西哥移民也不希望老家的親戚來美國，川普這句話說出來之後，我看到過一個材料，有40％的墨西哥移民願意支持川普，你不覺得這件事情很荒唐嗎？對，輿論只能反映民意的表層，大家心裡真正怎麼想，整個世界真正在發生什麼，輿論有的時候是反映不出來的。

這個效應在網路時代體現得尤為明顯。我們每個人都認為自己能夠感知到輿論，而整個世界到底是什麼樣，其實我們一無所知。

美國的頂級名校耶魯大學二〇一六級的新生入校，校長沙洛維對這些新生做了一次演講，這次演講沒有提愛、責任，只強調了一點——整個人類正在進入一個表述失實的時代。意思就是網路正在激發我們人性底層的本能，像恐懼、憤怒、憎恨，而這些本能又在被輿論放大，我們看到的世界已經被扭曲了。過去我們瞭解世界是通過輿論，而現在的輿論在這些情緒的扭曲下，恰恰是我們要警惕的，身為耶魯大學的學生，你們是世界的頂級精英，你們的學習任務就是要用批判性思考的方式，來跳出自己的思維圈子，來瞭解真實的世界。可見，在這個時代瞭解真相已經變得多麼困難。

如果你想當一個網紅，你可能要注意兩點：

第一，你盡可以去獲取注意力，但是請注意，要對周邊的人比對粉絲還要好，因為這個世界說到底還是一個通過協作而獲得力量的世界。

第二，永遠不要相信粉絲告訴你的，或者你從粉絲那兒體察到的，世界的真相其實你並不瞭解。

如果你不想當一個網紅，從麥克阿瑟的故事當中我們也能得到一句提醒，你看到的事實也許真的就是事實，但是又怎麼樣？你可能是一隻刺蝟，雖然看到了一件大事，但你沒有狐狸的視野，看不到裡面更多的事情。

誰能在大多數人都很迷茫的時候，
堅定地前進，誰就擁有強大的領導力。

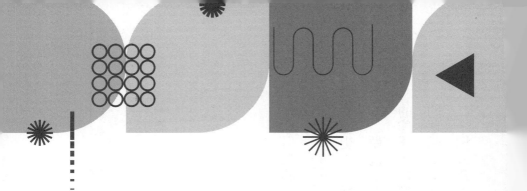

第 5 章

亞歷克斯・佛格森

始終如一的領導力

曼聯的吸引力就在於它在足球這個充滿不確定性的領域裡，
向球迷交付了一種確定性。

引言

前曼聯主教練亞歷克斯．佛格森寫了一本關於領導力的書。曼聯是一家足球俱樂部，位於英國曼徹斯特，佛格森從一九八六年開始執教，二〇一三年退休，在這二十六年間，曼聯一共獲得過三十八次冠軍，這段輝煌的時期在曼聯歷史上被稱為佛格森時代。這本書，就是佛格森執教生涯的自述。

做為一個非球迷，其實在看這本書之前，我本人一直對曼聯很好奇，它的球迷為什麼那麼多？二〇一一年曾有一項全球調研，曼聯是世界上球迷最多的球隊，球迷總數超過三億五千萬人，是英國人口總數的五倍還多。全世界每二十個人裡，就有一個曼聯球迷。

難道是因為戰績好？歐洲其他幾支得過大滿貫的球隊，尤文圖斯、拜仁慕尼黑、阿賈克斯、切爾西，球迷數加起來的數量也沒曼聯多。難道因為球星多？其他隊的球星也不少，比如皇家馬德里。

而且要知道，足球是一個充滿不確定性的項目，意外輸球、巨星轉會都是家常便飯。這麼龐大的球迷數，肯定不是單靠漂亮的戰績和大牌球星能維持得住的，背後一定還有更深刻的原因。那到底是什麼？

看了這本《領導力》之後，我終於得到一個能說服自己的答案，曼聯的吸引力就在於它在足球這個充滿不確定性的領域裡，向球迷交付了一種確定性。

01

在球場上打造確定性

你可能會說，球場上不確定性太大了，實力強的團隊也不見得就一定會贏，這怎麼交付確定性？

對，曼聯也不是總能贏。但是很奇怪，這支球隊就是能讓你相信，在一場比賽落後的情況下，它有可能絕地反擊。在當年歐洲媒體頭條上，總能看見類似這種標題，曼聯上半場〇比二落後，下半場連入三球上演大逆轉。

這就等於在告訴球迷，放心，我能贏，就算現在落後，我早晚能贏回來。

可是總有單場比賽打輸了的情況。對，這才是佛格森真正神奇的地方。他總能讓球迷相信，曼聯總有一天會復仇，會替你們贏回來的。有輸有贏是常態，你怎麼就能讓球迷相信你不是「屢戰屢敗」而是「屢敗屢戰」？更深一層，曼聯雖然也球星雲集，但它從來不依賴某個球星，即使當年C羅、貝克漢這樣的大腕離開，也仍然不影響它在賽場上的競爭力。不管面對什麼樣的困境，發生什麼事，曼聯永遠是曼聯，它讓球迷相信它是一支有野心、有能力衝擊冠軍的隊伍。這就是曼聯向球迷交付的確定性。《領導力》這本書，講的就是佛格森做為曼聯的領導者是怎麼打造出這種確定性的。

佛格森自己的總結出奇簡單，就四個字：始終如一。

你可能會說，這有什麼難，不就是保持不變嗎？但是，如果你深入瞭解細節就會發現，在足球的世界裡，做到這一點有多難。

足球是全世界競爭最激烈的領域，每個球隊都在窮盡手段，尋找戰勝對手的方法，但凡跟足球有一丁點關係的技術創新它們都不會放過。其中最核心的是數據科學，球隊可以給球員配戴心率監視器，觀察他們在比賽時的運動強度，還可以戴上GPS，測算他們在訓練中的跑動距離。

甚至還有一個足球行業的寄生產業，叫作錄影分析，由專業的分析師，反覆觀察比賽錄影，然後算出進球率、助攻、射門次數等一系列數據，再來對球員的素質作判斷。

好多人都覺得，數字總不會出錯吧，要想判斷一名球員，還有比這更可靠的方式嗎？要知道，佛格森執教曼聯整整二十六年，這二十六年就是這一系列技術迅速發展的二十六年，每年都花樣翻新、出現新的工具，那佛格森要不要相信？

現在看來，佛格森是不太相信數據的。他覺得，盯著運動員場上的數據就等於站在病房盯著監護儀上的數字，像心跳、血壓等，而病人最後卻因為吃三明治噎死了。換句話說，比賽充滿意外，數據只能用來衡量一個指標，在過去是否穩定，它根本代表不了未來，更代表不了全貌。

從一開始，佛格森就很少用這些數據來判斷球員，更多是憑一雙肉眼。他覺得足球是一個需要成員之間達成高度共識、全力以赴的項目，沒有任何一台機器能夠告訴你一名球員是否偷懶，態度是否端正。這些證據不在屏幕上，只在眼前，在球場上。

後來事實證明佛格森的判斷是對的，比如有的球員在訓練時懶洋洋，跑動數據一塌糊塗，可一到了賽場上就馬不停蹄。再比如，有的球員雖然醫學檢查不達標，但是比賽從不掉鏈子。

聽起來，這好像是一個反對使用新工具、保守的倔老頭。其實不是，拒絕技術和高效工具的誘惑是非常困難的，我們只要稍微切換一下場景，馬上就能夠理解佛格森的偉大之處了。

比如現在一家網路公司。網路公司是最講究數據的，甚至有的公司作任何決策，都要做AB測試，就是遇到難以決策的事情，就乾脆做兩個版本，根據用戶反饋，然後選擇一個效果好的來推廣。從一個按鈕的顏色，到一篇文章的標題，都在用這個方法。

這當然很高效，但是有一個問題，人的價值判斷在哪裡？如果都依靠機器的話，那人的價值在哪？

就像一所大學，評定老師水平的好壞，為了公平，往往只能靠一些數字化的標準，論文數、專著數量、課題數量等。但是一個老師的好壞，真的需要這些標準嗎？一個水準不錯的學生，在課堂上聽他講一節課，水平高低立即就能判斷出來了。這也是為什麼西方學術界特別講究同行評議，這就是人的判斷標準，而不是只看客觀數據的原因。

為了避免誤解，我還要多解釋兩句。這裡並不是說，技術不可信，技術非常可信，但是技術可信的場景是有限的，一旦牽涉到更大的認知圖景，更強烈的價值觀色彩，更複雜的綜合判斷，人仍然是萬物的尺度。

02 始終如一地錘鍊自己和團隊

怎麼做到始終如一？怎麼在巨大的不確定性裡交付確定性？怎麼叫領導力？說到底，是一種拒絕有效工具，判別什麼力量不能使用的能力。佛格森給出了一個很好的示範。

佛格森對自己領導力的解釋，就是很簡單的四個字「始終如一」。這表面上就意味著，盯死目標，不受誘惑。但是做到這個境界，哪有那麼簡單？

佛格森不受外來的誘惑，這個還稍微容易點。但是，如果這個誘惑不是外來的，它就是你自己，或者是你自己的一部分，那該怎麼辦？你能果斷地割除自己的一部分嗎？佛格森在這方面體現出了神一般的意志力。

他老人家有個外號，叫「佛格森吹風機」，就是因為他經常在比賽中場休息的時候，衝進更衣室，像吹風機一樣，對球員劈頭蓋臉一通狂批評，像魯尼、吉格斯、貝克漢，這些頂級的大牌球星，沒一個能逃得過去。這和其他教練對待球星的態度完全不一樣。

別的球隊都是花大價錢買球星，請回來恨不得供起來。可佛格森偏不，不僅從來不花大錢買球星，而且不管你是誰，照批評不誤。其中最著名的就是二〇〇三年二月發生的「更衣室飛靴門」。當時曼聯對陣阿森納，佛格森對貝克漢的發揮很不滿意，先是大發雷霆，說貝克漢的表現根本不像一名職業球員，然後狂怒之下，又飛起一腳把地上的一隻球靴踢飛。

球靴不偏不倚，正好砸在貝克漢的左眉骨上，他直接就掛了彩，據說要不是隊員拉著，兩人當時就動手打起來了。

這個故事，通常都被解釋為佛格森脾氣不好，但是不能這麼簡單地看，憤怒和恐懼其實是一回事。

區別是什麼？你的邊界被挑戰，你覺得自己的力量大過對方，你就會憤怒；如果你覺得自己力量小過對方，你就會恐懼。

在生活中，我們見多了那種媚上欺下的人，他們的情緒在恐懼和憤怒之間不斷切換，就是在心裡不斷地計算對比力量。一個憤怒的人，恰恰不是一個不顧後果的人，而是一個認為自己承擔得起代價的人。

回到佛格森，他對大牌球星敢打敢罵，這背後也一定有力量的權衡。換句話說，他認為自己承擔得起損失任何球星的代價。果然，後來賽季結束，貝克漢被佛格森以二千五百萬英鎊的轉會費，賣給了皇家馬德里隊。

要知道，二〇〇三年的貝克漢可是所有球隊爭搶的超級球星，很多俱樂部搶都來不及，可在佛格森這兒，居然一點情面都不留。可見，佛格森不是一時興起的暴怒，他就是不想要自己的頂梁柱了。問題來了，佛格森的自信是從哪兒來的？怎麼這麼大膽子？

佛格森的視野遠遠超過了幾場球的輸贏。他認為，買球星只是在爭一時長短。假如你只是打算在一個球隊執教幾年，賺個名利雙收，見效最快的方式就是砸錢，像雇傭兵領導者一樣，想贏一場戰爭，花費大價錢去加強火力，這是直接的辦法。

可假如你打算在一支球隊執教一輩子，讓這支球隊經久不衰，那就必須得重視團隊建設，最好的方式，不是從外面買球星，而是塑造自己的球星，換句話說，我不需要你是能人，但我會讓你在我的隊伍裡變成強者。

回頭看這個過程，我還是被佛格森的勇氣給震撼到了。

03

瞄準競爭對手的核心要害

佛格森敢於隨時拋棄自己的舊力量，那他源源不斷的新力量的來源是什麼？他寫的《領導力》這本書，我讀來讀去，還是那四個字——認知地圖。他的認知地圖和別人不一樣。

足球是一種對抗性很強的運動。一支球隊的認知地圖，很容易被對手限定。我的世界就在球場上，戰勝敵人就是我的目標，對手的行動就是我要應對的要事。早期交通不發達，足球比賽經常是同一座城市的幾支隊伍踢來踢去，日積月累，同一個地方的球隊就容易成為彼此的冤家。曼聯也有這麼個冤家，就是同在曼徹斯特的曼城隊。根據佛格森的描述，曼城隊幾乎整天盯著曼聯打。曼城的俱樂部主席管曼聯叫「馬路對面的傢伙們」，言外之意，你就是我的對頭，不管你幹什麼，我都要跟你槓一下。

尤其是二〇〇八年，曼城隊被人用高價收購之後，燒錢如流水，買球星、搞投資，處處都想超過曼聯，五年就花了七億英鎊，甚至還做起了房地產。後來一度有傳聞說，雖然曼聯在全世界球迷最多，但在曼徹斯特本地，曼城的聲勢要比曼聯大。

要知道，對佛格森來說，這可是家門口的對手，人家方方面面搞得風生水起，你好歹也要反擊一下吧，要不然老臉無光。但佛格森打定主意，就是不跟進。在佛格森看來，不管是投廣告、搞投資，還是做房地產，那都是你戰略版圖裡的一部分，不在我們的版圖之內，我有我的戰略布局，我們之間重合的部分只在賽場上。就像佛格森評價曼城隊時所說，不管他們花了多少錢，買了多少名球員，他們在週六的比賽中，也只能派上十一個人。只要還是十一個人，擊敗曼城依然是我們曼聯力所能及的事。

佛格森的版圖，是要做全球最好的足球俱樂部，他要管理的球迷是三億多人，這麼大的版圖，怎麼是一個小小的曼徹斯特城能限定得住，那對手的動作和我有什麼關係？

競爭意識會損害競爭力。你一旦開始競爭，其實就是你的認知地圖被對手鎖死的跡象。很多中國人小時候都要提一個問題，《西遊記》裡的唐僧，什麼本事都沒有，他憑什麼當取經團隊的領導？沙和尚是個水妖，一輩子就待在流沙河，沒什麼眼界，他的認知地圖上只有眼前的這點事，可以做到勤勤懇懇。豬八戒的認知地圖永遠指向身後，一不高興就要分行李散夥，回高老莊。孫悟空本事大，但是無法無天，壓根就沒有地圖。

只有唐僧有一張清晰的作戰地圖，不管你們去不去，我都要去，方向是天竺。他不當領導誰當領導？

重複一下我在這本書中收穫的啟發。領導力是什麼？不是權力，不是能力，不是搞定人，不是討好人。本質上，誰能在大多數人都很迷茫的時候，握有一張清晰的地圖，堅定地按照地圖前進，誰就擁有強大的領導力。

理想主義走到極端之後，
容易犯一個毛病，
就是不大關注其他人的利益。

第 6 章
項羽
神經質的性情少年

在歷史上我們看到，項羽處理秦國，他有一種非常微妙的心態。
表面上看全是仇恨，可是你把所有的事連起來看，
你會發現除了仇恨，還有一種巨大的恐懼。

引言

短短十九年時間，一個舞台上，輪番上演三幕大戲，三個主角輪番登場，好不精采。請問，誰殺滅了秦帝國？

其實不是誰殺的，是它自己撐死的。

你就這麼小一個胃，吃得太多，最後只能全部吐出來，而且會危及生命。秦始皇對自己的制度是充滿了自信，可是他忘了一個前提，這個制度運轉正常，是以空間比較狹小、人口比較稀少為前提的。一旦複製到全國，這麼多的人口，這麼廣闊的地域面前，這套制度玩不轉，會分崩離析。

公元前二二一年剛剛全國統一；到了公元前二一〇年，前後也就十一年，秦始皇就死了。

最後能夠攏得住這套制度的人撒手西歸之後，這套制度就該完蛋了。從第二年，就是公元前二〇九年開始，陳勝、吳廣起義，秦王朝的滅亡就拉開了序幕。

01

一波三折的秦王朝滅亡之路

我們小時候讀歷史時總覺得，說時遲那時快，一會兒的工夫遍地烽煙，亂打如雲，先打出來一個項羽，又打出來一個劉邦。確實，公元前二〇二年，只在七年之後，西漢王朝就建立了，似乎這一段非常簡單。

其實邏輯沒有我們想像的那麼簡單，首先你對陳勝、吳廣這一支力量千萬不能高看。陳勝、吳廣什麼人？閭左之人，他們沒文化，也沒家產。但是他們急了敢玩命，但他們打仗不行，也沒有相關的行政管理經驗。

當然陳勝這個人並不是草包，他知道自己不行，我就當我的王，你們去衝鋒陷陣。他找出來一個人，叫周文，這個周文是誰？原來在戰國末年有一個四公子，楚國的春申君的門客，也是個飽讀兵書戰策的人，而且他跟著項羽的爺爺項燕也打過仗，當過他的部將。這個時候他重出江湖，就帶領了陳勝裹挾來的幾十萬人馬，打秦國。

打秦國按說最難的就是函谷關，就是今天從洛陽到西安中間的那一段，有一個關口。原來在戰國的時候，山東六國多次合縱，拼湊部隊，兵臨函谷關，但是從來也沒有把函谷關打下來過。但是這個周文不一樣，因為秦國內地兵力空虛，周文迅速攻下了函谷關，然後一直打到了咸陽附近。

這個時候秦朝的皇帝是秦二世胡亥。這個傢伙也沒什麼本事，但是他知道誰能打呀，章邯能打，讓章邯帶隊出擊。沒兵，帶什麼隊？章邯說這樣吧，我們這兒還有點人，就是正在修秦始皇的驪山陵墓的那些囚徒和徵發來的壯丁。就把這些人臨時組織了二十萬，發了武器就拖上了戰場。

這幫不是烏合之眾嗎？你小瞧了秦國，什麼叫瘦死的駱駝比馬大？第一，這二十萬人在工地上也是被組織好的，基層的組織並不缺失。第二，你到了秦國的老家，到了咸陽附近，武器可不缺，你陳勝那幾十萬人可能拿個木頭就上戰場了，從武器上你也沒法比。第三，秦國人這個時候可是主場作戰，保家衛國。一個部隊裡面什麼最寶貴？老兵最寶貴，他見過陣仗，心裡不慌。我們表面上看，是臨時拼湊的二十萬軍隊，都是驪山上的那些囚徒、臨時徵發來的壯丁。可是秦國本土的那些男丁，人人都是老兵，都是打過大仗的人，這些人往部隊裡一摻，軍心馬上就穩了，士氣也振作了。而反觀陳勝這邊的部隊反而是烏合之眾。

當然最重要的因素是第四點，就是名將章邯。章邯這個人打仗有很多特點，比如說他特別重視後勤部隊，你再反觀周文那一邊，你是用一個多月時間就一哄而入，你不可能有時間組織靠譜的後勤部隊。更何況，你也沒有大後方，這方面你首先就輸了。

再比如說，章邯這個人特別善於圍點打援。解放戰爭時期，我軍就特別善於這個戰術，把一個點圍住，你必然要來救，那我再抽出一支偏師，把你救援的部隊給打掉。

章邯還有一個特點，如果覺得不行，就按兵不動。等敵人帶著虛驕之氣來打，然後預先排兵布陣，準備隨時反擊，把敵人擊潰。這個周文一戰之下，就大敗。九月敗了，到十二月，章邯就領著秦國的這二十萬臨時拼湊的部隊，一直打到了陳勝的老家，把陳勝給滅了，陳勝也死了。

按說這個故事差不多結束了，因為陳勝起兵之後，原來的山東六國紛紛復國。可是這個時候復國，你幾乎沒有什麼基礎，幾乎就是殭屍般的復國，除了楚國因為有項羽，算是一支靠譜的力量。其他什麼趙國、魏國、齊國，也都復國，只是有一個樣子。這種「殭屍復活」是不禁打的，章邯滅掉了陳勝之後，當然就要接著滅剛剛復活的六國。

而且這個時候秦王朝已經緩過神來了，原來國內空虛是因為主力部隊派到了北方防守匈奴，現在趕緊回撤吧。王翦的孫子、王賁的兒子，叫王離，這個人也是個名將，就帶領一部分北方的邊防軍，加入到國內戰爭當中來。

王離和章邯之間就形成了很好的配合，章邯特別善於搞後勤，搞後勤去；王離就帶著幾十萬部隊追著這六國打。打來打去，最後的決戰就爆發在今天河北一個叫鉅鹿的地方，這就是歷史上著名的「鉅鹿之戰」。表面上諸侯聯軍，還有十萬人，可是這都是殘兵敗將，最後是被王離的四十萬大軍死死地圍在鉅鹿這個地方。

但是這個時候，舞台上突然蹦出來一個人，如果這個人不出現，下一幕可能就是章邯、王離這些人來表演了。這個人就是項羽，後來著名的西楚霸王。

項羽的爸爸叫項梁，本來跟章邯打仗的時候，已經被打死了，楚軍事實上也不行。你就可以從這個細節看得出來項羽的重要作用，這真是以一人之力扭轉整個歷史的乾坤。這個時候出現了一個著名的成語典故，叫「破釜沉舟」。

項羽帶的人不多，歷史記載不過五萬人，面對四十萬圍得像鐵桶一樣的鉅鹿，就是秦軍的包圍大陣，這五萬人衝殺上去，居然把王離給打敗了。乘勝追擊，又遇到了章邯，章邯手裡還有二十萬人，就是拼湊出來的那二十萬，刑徒、壯丁那些人。章邯一看大勢已去，算了吧，投降了。

這就是歷史的戲劇性所在，原來那個總體的優勢是牢牢掌握在秦王朝手裡的，可是就因為鉅鹿之戰，這局部一敗，結果滿盤皆輸，秦王朝算是把家底都給賠進去了，再也沒有後備力量了。

可能你還記得，秦軍還有一部分主力，五十萬人不是南征去了嗎？這幫人為什麼不回來救駕？回不來了，路途太遙遠了，後來這幫人乾脆在南邊割據稱王，建立了一個南越國，不再摻和中原的事情了。秦朝的皇帝在咸陽就剩下一個孤家寡人，這是第三任皇帝，叫子嬰。

劉邦成了推倒這最後一張多米諾骨牌的人，劉邦沒有實力，參加不了鉅鹿大戰，但是他大搖大擺，輕輕鬆鬆地從南邊進入了關中，正好子嬰一看大勢已去，出城投降，秦朝至此滅亡。

當然劉邦這個時候不行了，後來的故事我們都知道，鴻門宴，項羽就過來了，說一邊去，你先進來你就為大嗎？哪有那個事？滾！然後整個天下就落到了項羽手裡，他成了舞台上的主角。

02

西楚霸王也是性情少年

項羽怎麼管理這個上市後的公司？這就得說到項羽這個人的性格。項羽其實就是一個性情少年，小時候不好好讀書，後來學武也不好好學。那就問他，你要學什麼？他說我要學為萬人敵。

但是他們家是有血統的，他爺爺叫項燕，他爹叫項梁，都是楚國的貴族，帶兵打仗的。楚國跟秦國那是多少年的國仇家恨，項羽從小就知道，我爺爺是被秦國人給弄死的；後來他又知道，我爹也是被秦國人弄死的，我們楚國就是被秦國滅掉的。一個性情少年，對秦國充滿了仇恨。

在歷史上我們看到，項羽處理秦國，有一種非常微妙的心態。表面上看全是仇恨，可是你把所有的事連起來看，你會發現除了仇恨，還有一種巨大的恐懼。

大概是這麼三件事。第一件事，章邯帶著二十萬人向他投降。挺好，投降了。我拿你們也沒辦法，這樣吧，全給埋了吧，生生就把這二十萬人直接坑殺。這二十萬人是從山東六國徵發來的囚徒和民工，他們並不是土生土長的秦國人，你項羽為什麼要用這麼殘暴的手段去對待他們？你至少搞個甄別好不好？你只把秦國人坑殺掉，我還能理解一點。

可能有人會抬槓，說原來秦國不是把趙國的降卒四十萬，在長平之戰之後也坑殺掉了嗎？這叫一報還一報。這麼談問題就叫抬槓，因為秦國當時這麼幹，雖然手段很殘暴，但是和它的戰略目的是匹配的，它一定要把當時它的一個強敵，趙國的國力給壓下去，這麼做可以理解。但項羽為什麼要這麼幹？這是一個不可理解的地方。第二件事，是子嬰的下場。子嬰是秦朝的第三任君主。始皇帝、二世皇帝胡亥，第三任就是這個子嬰。子嬰不是秦始皇的孩子，秦始皇的兒子已經讓胡亥全部殺光了，這個子嬰其實是一個非常賢能的人，當年胡亥殺他兄弟的時候，他就老跑出來阻攔。

後來他繼位。他是被趙高扶上位，他覺得趙高不是個好東西，馬上就想辦法誅殺了趙高。這麼一看，這是個明白人。後來他也不去做無謂的抵抗，直接出城向劉邦投降了。劉邦說，好樣的，我也不殺你，將來你還當秦國的國王。甚至這兩個人一度關係還處理得不錯，還經常一起聊個天什麼的，劉邦還很虛心地向他學習。

可是等咸陽被項羽給接管之後，二話不說，直接就把子嬰給殺了，而且用的是當時最殘暴的一種刑罰，叫腰斬，就是秦王朝當年處置他們丞相李斯的那個刑罰，直接從中間砍兩段。就算你對人家子嬰不放心，怕秦國的力量死灰復燃，能用一杯毒酒解決的問題，為什麼要搞得這麼血腥？這是第二個不可理解的地方。

第三件事，他把咸陽一把火給燒了，一把大火燒了三個月。要知道，咸陽可是當時天下財富的中心，是最雄壯的建築物的所在地，如果你要心懷天下，將來想當皇帝，那你肯定要保護咸陽的基礎設施。天下打下來了，財富屬你，你為什麼要毀滅掉它？

看到這裡，可能覺得項羽簡直就是個瘋子。確實，當時也有人這麼看，有一個儒生叫韓生，就老跟他說，你將來當了皇帝，這咸陽你自己也得用，燒它幹什麼呀？項羽不聽，韓生背後就說他壞話。說這幫楚國人，尤其是這個項羽，叫沐猴而冠，就是找一個猴子，把牠洗乾淨，戴上一個帽子，這就當個人。你們哪個是人？你就是個猴，是個畜生。就說了這番話。項羽一聽，說我是個猴？直接把這韓生抓來，扔到鍋裡給煮死了。

樁樁件件都在說，項羽簡直就是個禽獸。但是我們從歷史上可以知道，項羽是一個多情的男子，京劇舞台上現在還在演《霸王別姬》。項羽最後在烏江自刎的理由，是無顏見江東父老，他分明是一個多情的男子。可是為什麼在這些事件當中，體現得那麼殘暴？我們可以提出另外一個解釋，他分明不是仇恨，他是對「外星文明」的一種恐懼。就是秦王朝這種文明方式，他從頭到尾就覺得完全無法接受，什麼皇帝，你整個的那套制度，只要是跟秦沾上關係的任何東西，就做出神經質的、條件反射式的反應，趕緊給清除掉，把你所有的遺跡都要從這個地球上給抹掉，他是這樣的一個情緒。

這種情緒打一個不恰當的比方，就是你回家一掀被子，發現床上一窩螞蟻，你一方面當然覺得很噁心，但是你即時的反應就是一陣肉麻，趕緊把這幫螞蟻給弄死。項羽對秦國幾乎就是這樣一種情緒，是對他完全排斥的制度的一種條件反射式的反應。

可是你項羽畢竟現在把天下打下來了，你的公司上市了，請問，你怎麼治理？項羽的方法很簡單，既然這個外星文明我不接受，那就回去，回到原來的處理辦法。當然他實在也回不去了。因為原來六國的那些貴族跟我非親非故，我為什麼要對你好？他基本上把這個國家按照原來的分封制，分封給自己看著順眼的、有功勞的、親近的人，一通分封。

他分封的可不是六國，他一共分封了十九個國。就是把原來的楚國、秦國，一分為四；把齊國這種比較大的國一分為三，什麼趙、魏、韓、燕這些國家，一分為二，一共分了十九個國。劉邦叫漢王，其實就是秦國漢中的一部分。前面投降的那個章邯，封成雍王，正好坐在漢王旁邊，看著他。這是秦國分成四個。

很多人都聽說項羽有一個外號，叫西楚霸王。怎麼出來一個西楚？楚國不是在南邊，應該叫南楚霸王？不對，他把楚國分成了四份，他自己占了西邊的那一塊，叫西楚霸王，這個名號是這麼來的。

為什麼叫霸王？在現代漢語裡面，霸王這個詞聽起來好強、好厲害，全宇宙你第一。其實在當時沒這個意思，霸王的「霸」是春秋五霸的「霸」，說白了大家都是平等的國君，只不過你地位比較強，實力比較強，好，大家認你當個帶頭大哥，認你當個盟主，僅此而已。

西楚霸王這四個字連起來什麼意思？就是你僅僅是西楚國的國君，大家只不過看在你實力比較強、功勞比較大的面子上，認你當個霸王，你是大家的盟主。其實僅僅是王中王的意思，你對其他的王沒有絕對的控制權。

這套制度設計出來對誰有好處？你會發現，對誰都沒好處。對其他十八個國君來說，天下秩序沒有人維護，打成一團，所有的人都烏眼青。對於項羽來講就更沒有好處了，因為他是靠軍事實力起家，突然用這麼一個政治制度，把自己變成天下的十九分之一。那麼，他的歷史責任何在？個人的夢想和野心何在？怎麼分析都無法理解項羽。

可是從前面講的那個角度一理解，就會恍然大悟。項羽就是看不慣秦國這個外星生物，想趕緊把它弄死，所有跟秦國相關的，都把它從地球上抹掉。那怎麼辦？接著回到原來的田園牧歌生活，就是東周列國多好？大家各過各的日子，誰也別招誰，雖然平時打點小架，但是不至於把秦國這樣的外星物種給招來。回到那樣就挺好，公主和王子從此就能過上幸福的生活。

他就是要回到那個事實上已經死亡的政治制度裡面去，就是分封制，他覺得在那個制度裡，我可以蓋上大棉被安然入睡，整個世界就安寧了。哪有那種好事？轉瞬之間，西楚霸王制度就崩潰掉了，這家上市公司立即退市了。

03 投機主義者的反對面

劉邦這個人在歷史上給大家留下的印象，就是個流氓，說得好聽一點，是一個投機主義者，他沒有什麼理想，而且經常搞那種流氓嘴臉。比如說最著名的那個故事，就是項羽抓住他的爹，說你再不投降，我把你爹給煮了，做成肉羹。劉邦說，那能不能分我一杯羹？這個著名的故事就說明，這個人太沒有節操。

可是我們反觀這種投機主義，這種流氓嘴臉的反面是什麼？就是這段歷史當中的兩個大失敗者秦始皇和項羽，這兩個人都是響噹噹的理想主義者。秦始皇是有強大的制度自信，我就是要把秦國這套制度推廣到全國，先是我始皇帝，然後二世、三世，遞萬世而為君。理想主義者吧？項羽是要回到原來的田園牧歌式的，沒有秦朝的那種理想的政治制度。一個認的是事，一個認的是理，可是他們都把這個事和理給認死了，在一條道上狂奔到底。

最後我其實想說的是理想主義者的問題。理想主義不能說不好，人類文明發展往往是靠理想主義者在推動。可是理想主義走到極端之後，容易犯一個毛病，就是不大關注其他人的利益。

我們看秦始皇執政期間，全國這套制度對誰有好處？除了他，什麼人都沒有得到好處，整個國家變成了一個大的監牢。項羽搞的那一套對誰有好處？事實證明，連對他自己都沒有好處。但是理想主義者覺得，這就是我們存在的意義，為了理想不惜一切。

可是問題在於，當你不去關注他人利益，你的巨大的事業裡面沒有他人利益的共融空間的時候，你這個事業本身是很難持續的，理想主義有的時候會墮落為一種剝奪他人利益的藉口。

舉一個我現實當中的例子。有一次我跟一個出版界的朋友聊，我說很多外國翻譯過來的作品，書本身很精采，可是那個翻譯實在是太爛了，你們為什麼不多出一點翻譯費？你知道現在翻譯英文著作的翻譯費，通常標準是多少嗎？千字八十元，就這麼個水準，你怎麼可能雇得到頂尖的翻譯？可是你知道那個出版人怎麼回答我的？他說他們做的是學問，他們為的是理想，他們不圖金錢的。

當時隔著桌子我就差點呸出來了，憑什麼人家為了理想，就可以不圖金錢？你拿理想去糊弄別人，然後自己賺錢，你不覺得這是一種最卑劣的理想主義者嗎？我們再來看劉邦那個流氓和投機嘴臉，雖然他劣蹟斑斑，但是他帳下那麼多人，那些人的利益都被照顧到了。

我們看劉邦手下的那些人，他沒有什麼理想主義者。比如說蕭何，他原來就是個底層公務員，底層公務員想的就是往上爬，一直當到丞相。沒錯，給你。像韓信，是野心家，他打到齊國的時候，覺得自己兵強馬壯了，就給劉邦上書，我是不是當個齊王，以穩定這邊的局勢，要當假王，假這個字就是暫時、暫代的意思。

劉邦說，什麼暫時暫代，要當就當真王，大丈夫要當就當真王。劉邦心裡清楚，我沒了韓信，我根本就拿不下這個天下，該給利益的時候，敢於給。當然後來把韓信幹掉，那是另外一段故事。再比如說像樊噲這種人，他就是個殺狗的，在他眼裡殺狗和殺人也沒什麼區別，就是為了喝酒、吃肉。這樣的人，我也可以滿足你。

劉邦不是一個只求自我利益的投機主義者，他是一個講哥兒們義氣，講大家一起大秤分金、大塊吃肉的投機主義者。把朋友搞得多多的，才把敵人搞得少少的。他從年輕的時候就暴露出這樣的一個潛質，比如說他有一個朋友叫夏侯嬰，這個人跟他一起玩，玩得挺好。

有一次劉邦失手把他打傷了，後來就有人把他告發到法庭，按說他就應該被判罪。結果他那個朋友夏侯嬰說，他沒打我，他從來沒打過我。他哥們兒義氣能夠處理到這種份兒上，把人打傷了，人家都不承認。他是用充分的利益安排，構建了一個利益共同體，漢帝國是怎麼來的，不是劉邦用理想主義糊弄別人來的。

我這裡沒有想說服大家放棄理想主義跟著劉邦學，做充滿銅臭氣味的投機主義者，我只是想幫大家清理一下理想和現實利益之間的關係，這種關係大概有兩種方式。一種是善意的方式，就是我有我的理想，你有你的理想，我們互相尊重。如果想把別人的理想納入到自己的理想體系當中來，也可以，請用利益來說話，請用共享利益的方式尊重他人。

可是還有一種惡性的理想主義方式，就是我有我的理想，這玩意兒可是宇宙真理，我的理想就應該是你的理想。我為我的理想已經犧牲到這個程度了，你也應該放棄利益，納入到我的理想當中來。我是素食主義者，你吃肉就是罪過；我是一個環保主義者，你開空調就是個罪過。請問，用這樣的理想主義綁架他人，可能產生好的結果嗎？

如果在職場上遇到這樣的老闆，他告訴你，這是一家偉大的公司，我們是一支有理想的創業團隊，你要不要加入我們？能不能少要一點錢，甚至是白打工？這個時候你就要告訴他，你有你的理想，我有我的理想，如果想讓我加入你的理想，你可以說服我、收買我，但是千萬不要綁架我。

權術對開放時代的自由人，
其實是無法施展的。

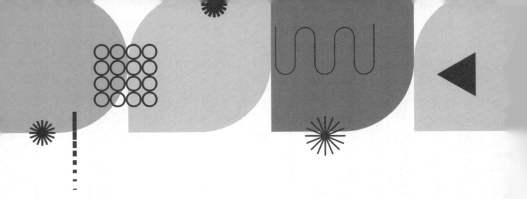

第 7 章

嘉靖

知分寸的權謀高手

嘉靖皇帝就明白這個道理，我們看那個武俠片當中經常會出現這樣的鏡頭，兩個武林高手打著、打著突然不打了，往上躥，順著樹、竹子，或者順著山崖往上躥，為什麼？他不是不打了，是要爭奪制高點去了。嘉靖皇帝就是一個這樣的高手。

引言

有一位歷史人物，困擾了我很長時間，就是明朝的嘉靖皇帝。中國讀過書的人基本都知道「嘉靖」這個詞，知道它是明朝的一個年號，也知道有這麼一個皇帝。他為什麼這麼有名？就是因為他在位時間長，前前後後一共四十五年，這在明朝皇帝的在位時長中排名第二。排名第一的是嘉靖皇帝的孫子，萬曆皇帝明神宗，萬曆年間一共四十八年，也不過長了三年而已。

他這個爺爺既然執政了四十五年，就難免會留下大量的遺跡，比如說有些名人就出現在嘉靖年間，當年製造的很多器物翻過來一看，嘉靖年間制。玩古錢幣的人都知道，有嘉靖通寶等等，他留下的東西比較多，這個詞自然就變得比較有名。

可是你仔細一想，又覺得奇怪，四十五年，好像我們對這個皇帝沒有什麼印象。我先替大家打撈幾個記憶的碎片，關於嘉靖皇帝。

第一個碎片，就是海瑞罵皇帝，罵的是誰？就是這個嘉靖皇帝。

第二個碎片，嚴嵩，有明一代最大的奸臣，就是伺候這位嘉靖皇帝的。

第三個碎片，讀中國歷史的人都知道，明朝的中晚期皇帝養成一個壞毛病，就是不上朝，罷工。最著名的是萬曆皇帝，前前後後三十多年不上朝；嘉靖皇帝二十多年不上朝。

你把這三個細節拼起來之後，會對這個皇帝的印象差到了極點。他肯定是一個很笨的皇帝，要不怎麼會養出個奸臣？肯定又是個很壞的皇帝，要不忠臣海瑞怎麼會罵他？還得是個懶皇帝，要不怎麼不上朝？一個又懶、又壞、又笨的皇帝，我們對他印象肯定不好。

可是你真去翻明朝的史書，你又覺得他不是這樣。在明代當時的大量史料當中，但凡提到這個嘉靖皇帝，不見得有什麼好話，但是沒有一筆敢小瞧他，基本上都說嘉靖皇帝是一個英斷之主，就是這個人非常英明，非常聰明，對朝政的控制非常嚴密。

你不覺得這前後兩個印象之間有出入嗎？確實，我上中學開始，就讀嘉靖一朝的很多史料，不是讀原始的，而是讀後人寫的，比如大禮議事件等等。讀來讀去，關於這個皇帝和這四十五年的歷史，我就串不出一個邏輯來。

直到近些年讀到了李潔非先生的《龍床》，這本書幫我把嘉靖這個人所有一鱗半爪的印象，串出了一個總的邏輯。李潔非先生講，嘉靖這個人是利用文字、精神、心理因素，去駕馭權力的大家。接下來我們講的可不是什麼一般的歷史，而是從那一段歷史當中獲得一個角度，來觀察權力這個現象，我們能洞察權力的運作方式和它敗壞的過程。

當然我們沒有什麼機會當皇帝，這個權術你是使不出來的，但是即使在當代社會，無數的人還是會用那種權術的心法來對我們起作用。我希望能夠幫到大家的就是，別跟我玩這套，這套權術我見過，在明朝我就見過。

01 少年皇帝也有政治敏感

我們回到嘉靖皇帝。嘉靖皇帝出生在一五〇七年，他當皇帝是在一五二一年，十三、四歲時，按照當時的虛歲叫十五歲。大家想想這是什麼時候？西方人剛剛經歷地理大發現，哥倫布是一四九二年到達美洲，從此歐洲歷史開始了一個波瀾壯闊的現代化進程。而中國歷史越來越走到皇權政治發展的頂峰，最後打成死結，嘉靖皇帝就處在這個過程當中。

嘉靖是怎麼當上皇帝的？他不是因為他爹死了，他繼承了他爹，他爹不是皇帝。嘉靖之前的這個皇帝叫明武宗，是明代最沒事找事的一個皇帝。明武宗這個人，整天非常快樂，在宮中給自己搞了一個夜總會，叫豹房，裡面養了無數的寵物，包括活人寵物。

他死的時候才三十歲，死的時候沒有兒子。怎麼辦？一般來說沒有兒子，就兄終弟及——在他的兄弟當中再挑一個皇帝，發現也沒有，因為他爹是明孝宗，明孝宗也就他這麼一根獨苗，只好到他的堂兄弟當中去挑。挑來挑去，血緣關係最近的就是這個嘉靖皇帝。

嘉靖的父親是誰？是明孝宗的異母兄弟，被封為興獻王。他的封地就在今天湖北的鍾祥，當時叫安陸。如果在明朝當王爺，你的封號當中是兩個字，對不起，你這個王爺不值錢。嘉靖他爹叫興獻王，兩個字，不值錢。要值錢得一個字，比如說明成祖原來的封號叫燕王，就是值錢的大王爺。

可見，嘉靖這一家僅僅是皇族當中一個邊緣化的支脈，如果不是血緣關係比較近，而且明武宗在三十歲的時候就把自己活活給搞死了，這個機會壓根就輪不到他，嘉靖當皇帝是一個天上掉餡餅，正好砸到頭的小概率事件。

在明朝當王爺也不是什麼好差事，因為生活沒希望，為什麼？因為明成祖就是當燕王，然後起家、篡權、造反，最後當的皇帝。後來他的子孫們但凡當上皇帝，最警惕的就是那些叔叔、伯伯、堂兄弟、姪兒，這些王爺，怕他們造反，對他們的管束非常嚴。

在宮中或者北京，長到一定歲數，一定要去就藩，就是回到你的封地。你以為到了封地就可以作威作福嗎？你也就在那去享個福而已。所謂的那些封地都是由地方官來進行管理，只不過是把這片土地上應該繳納朝廷的賦稅撥給你王府做為用度。

而且王爺當得跟囚徒一樣，你不能到處隨便玩，你不能進京看看，沒機會，必須申請。而且各個王不能同時來，如果是兄弟，一個封到了山東，一個封到了湖北，你說我們兄弟串串門行不行？不行，你們倆要幹什麼？你們兩個王爺見面，是要造反嗎？是要串聯嗎？但凡當上了王爺，這輩子雖然吃喝不愁，但是什麼希望都沒有，跟坐牢一樣的。

嘉靖皇帝生下來，基本上就是在這麼一個家庭環境裡面，他是沒有盼頭的。但是就在一五二一年，明武宗一死，整個朝廷當中只剩下兩個人說話還算數了，第一個就是死去皇帝的媽，明孝宗的皇后，當時的張太后；另外一個就是內閣的首輔大臣，大學士楊廷和。

這兩個人一商量，說國家不可一日無君，趕緊派人到湖北安陸，去接小朱厚熜到北京來上任，去當皇帝。剛開始這兩人真沒覺得有什麼事，第一，朱厚熜年紀非常小，這個時候只有十三、四歲，虛歲也才十五歲。第二，你當皇帝，這是多少輩子積的德，上輩子把所有彩票都買光了，才中這一回大獎。而且是我們倆決定你當皇帝的，你肯定得感恩戴德、屁滾尿流、連滾帶爬地到北京來當皇帝。

可這兩人萬萬沒想到，這齣戲的大幕剛剛拉開，朱厚熜第一次登台亮相，就表現出了一個權謀大家的本色，這個東西叫什麼?叫政治敏感。這小孩沒人教，就這個歲數，而且完全沒有思想準備。

明武宗三月十四日過世，三月二十六日，十二天，以那個時候交通環境，北京接他的隊伍已經到了湖北安陸，就給了他六天準備時間打理行李，就上路，到北京。路上又走了二十天，到了北京城邊。

到了北京城之後，朱厚熜說我先不進城，你先把我繼位的禮節拿給我看。按說這也是合理的，禮節給他準備好了，送給他看。他一看說這不行，十五歲的小孩就已經有政治敏感了。朱厚熜說，這叫什麼禮節，讓我先從崇文門進？熟悉北京結構的都知道，這是中間偏東一點的城門。讓他從崇文門進，繞到東華門進宮，然後在文華殿先繼位為皇太子，最後再登基。我是誰的皇太子？我爹是誰？我爹是興獻王，在湖北已經過世了，我憑什麼以皇太子的身分登基？

這就是嘉靖的政治敏感。其實，這道程序確實也是臨時加的，誰加的？我們只能推論，就是張太后作的主。張太后打的這個主意其實也很簡單，我兒子當皇帝當得好好的，突然死了，現在又弄一個皇帝，是他的堂兄弟，那問題來了，你先當皇太子，這個子是誰的子？就是我的子，我和明孝宗的子，你先過繼到我家，當我的兒子，然後你再當皇帝，我就還是正根的皇太后。張太后是最有動機幹這件事的，給十五歲的小皇帝下一個套，只要你進了這個套，我倆母子的名分可就算是定了。

但是萬沒想到，十五歲的朱厚熜一眼就把她看破了，我不幹，我媽另有其人，我爸另有其人，我憑什麼當你們家兒子？就賴在北京城外，死活不肯進城。把楊廷和急的，反覆勸說，沒用，小孩就坐那兒耍賴。

沒辦法，國家不可一日無君，而且這小孩手裡就這麼一張牌，別的他不懂，就是不幹。最後沒辦法，張太后這邊只好讓步，但讓步來讓步去，其實也是有一些交易，最後達成的禮節是什麼？你不是不願意從崇文門進東華門，從東邊繞進來嗎？行，你走正中間。

熟悉北京城結構的人都知道，最南邊正中間是正陽門，現在的大前門，然後過大明門。然後進來，進來之後，你先不慌當皇帝，你先看一眼你那個死去皇兄的靈位，人家給你皇位了，好歹去打個招呼。打完招呼之後，去拜見一下張太后，然後到奉天殿成禮，登基當皇帝，奉天殿就是今天的太和殿。

這就叫一個皇帝各自表述了，在張太后看來，你當皇帝之前先來拜見我，我好歹是個媽。可對於朱厚熜來說，什麼媽不媽？我只不過是碰巧路過，看了妳一眼而已，怎麼妳就是我媽？這就給後來的大禮議留下了大量的再解釋空間，這是第一件事。

第二件事，就發生在他繼位典禮的當天，大臣們正在準備典禮，這小孩突然看見了大臣給他準備的繼位詔書，替他擬的。突然因為當中的一句話就不幹了，死活不參加典禮，耽誤了很長時間，最後左右的人死勸活勸，他才把這個典禮給搞完。

是哪一句話出了問題？叫「奉皇兄遺詔入奉宗祧」，前半句沒問題，奉皇兄遺詔。問題就出在後半句「入奉宗祧」，「祧」這個字的意思就是繼嗣，「入奉宗祧」就是我來繼承原來皇帝繼嗣祖先的責任。

小皇帝不幹了，說什麼叫繼嗣祖先的責任？你繼嗣祖先可包括繼嗣你爹，你爹可不是我爹，我不繼嗣他，就為這個詞又開始鬧。但是後來他還是妥協了，因為他覺得這個不太重要，就沒有太堅持。

第三件事情，就是定他這個年號。我們現在都知道他的年號叫嘉靖，但是原來閣老們、廷臣們給他擬的年號，叫紹治。小皇帝又不幹了，說不用這個年號，為什麼？毛病就出在這個「紹」字上，因為這個字帶有繼承的意思，堅決不繼承，我繼承誰？我誰都不繼承，我就是命好，你們家死絕了，我才當皇帝，我不繼承你們家。不用這個年號，最後他自己改名叫「嘉靖」，看看這個人有多倔。

02 巧用禮節謀求皇位合法性

嘉靖皇帝做為一個權術家的第一個優勢，就是有超常的政治敏感，他還有第二個優勢，就是知道分寸，什麼東西該爭，什麼東西不該爭，他爭的都是那些一旦踏進這個圈套，一輩子無法擺脫的東西，他就一定要爭。如果僅僅是臨時性的一些說法上的問題，他覺得就可以妥協。十五歲，我們一定要反覆強調這個年齡，這就拉開了明朝歷史上非常有名的一個歷史事件的序幕，就是大禮議。

所謂大禮議，就是關於這個國家最大禮節的一場爭議。爭的是什麼？在我們今天看來，簡直可笑得要死，就是嘉靖皇帝和他親生父母之間的關係。在我們看來，這不是有病嗎？有什麼可爭的？但在當時，這可是一個不得了的天字號事件。

為什麼？因為一個皇權系統，他的合法性就來自他的皇統，就是你爹是誰，決定你能不能當皇帝，老皇帝死了，應該由他兒子繼位，可是他又沒兒子，怎麼辦？就從近支皇族當中過繼一個孩子給這支皇統，然後把這個皇統一代一代地傳下去，這是儒家經典一直堅持的一條規則。

但是嘉靖皇帝就是不認，他說我的親生父母另有其人，我不過繼給你們家。又不是我自己想當皇帝，是你們請我來的，我反正不當你們的兒子。這就造成了一個矛盾，可這個矛盾在儒家的禮法系統當中暫時又沒有合適的解法，就引發了這場爭議。

他繼位的第三天就給朝臣們下旨，說到湖北把我媽接來，我想我媽了。大家覺得也可以理解，一個小孩，才十五歲，就去接他媽。又過了兩天，他又下了一道詔旨，說我媽快來了，你們倒是議議看，我見了我媽，我管她叫什麼？將來我去祭祀我爹的時候，我管他叫什麼？你們拿個方案出來。

這些事在楊廷和這些人看來不叫個事，按老規矩辦就行了，他就上了一道奏摺，寫明瞭一個安排，就是你以後管你的親爹親媽叫皇叔父興獻大王、皇叔母興獻王妃，而管死去的明孝宗，管他叫皇考，因為你已經過繼給他了，就這麼個安排。

而且楊廷和覺得，我在這個安排當中已經很夠意思了，親爹親媽，我看在你的面子上給他們加了兩字。第一個字是皇帝的「皇」字，很值錢吧？第二個字，是一個「大」字，他原來叫興獻王，現在我讓你管他叫興獻大王，這已經很給你面子了吧。

但你想小皇帝他怎麼能夠接受這個方案？他最計較的就是這一點。但是這個時候的嘉靖皇帝已經表現出一個權謀家的本色，他沒有鬧，前面講的那幾個故事，感覺他就是一個很拗、很強的一個小孩。其實不然，這一刻他不強了，把奏摺發下去，說重擬，我不滿意，你們重新擬。

楊廷和這些人心想真費勁，一個小皇帝不太懂禮節，這樣吧，我再給你上一份奏摺，我把這個事怎麼來的，包括前朝的一些例子，什麼漢哀帝、宋英宗的例子，宋代一些大儒，像程頤這些人怎麼說的，我都給你寫上，你一看就明白了。你要懂規矩，這就隱含了一種教訓的意味。

這第二封奏摺上去，按照我們對於嘉靖皇帝脾氣的理解，他肯定是繼續發下去，你們再議再擬，達不到我目標，我不善罷甘休。但是人家沒這麼幹，他做了一個很特別的處理，把這封奏摺留中不發。什麼叫留中不發？就是皇帝覺得這件事情我也不便於批示，也不想大家去討論，我就留在皇城之中，不把這個奏摺發下去，這叫留中不發。

按說留中不發是對付那些想無限期擱置的事件，就是這事算了，一般採取這個方法。可是他是要達成一個既定目標，他怎麼會留中不發？這就看得出嘉靖皇帝一個權謀家的本色了，他是在等一件事，什麼事？就是朝臣當中出現裂痕，文官集團出現叛徒。

你楊廷和雖然是首輔，但也不能一手遮天，有的是低品階的官員想飛黃騰達，他們想替代你的位置，他們知道皇帝跟楊廷和已經槓上了，這些人就會站出來，他就等。

第二封奏摺上去是一五二一年五月的事情，等到了七月，終於把這個人給等到了，此人叫張璁。張璁其實前半輩子挺不順的，一直在考試、科舉，等到了四十七歲才考中了個進士。大禮議爆發的時候，他還在禮部當實習生。大家想想看，一個四十七歲的大叔當實習生，也很不好意思的，按照當時人的看法，四十七歲，就別找什麼機會了，好好當官，回家光宗耀祖，隨時準備退休算了。

但是張璁這個時候突然覺得，在嘉靖和楊廷和之間發生的這個矛盾，是他人生的一個絕大機會。在這兒說一句公道話，明代史料對於張璁這個人的道德評價和能力評價其實都很高，張璁後來也當到了國家的首輔，是明朝的一代名臣。

我們不去推斷他的動機，他到底是想投機取巧，還是想捍衛真理？我們不作評價。總而言之，他是當時整個文官集團中第一個跳出來反對楊廷和的，是嘉靖皇帝的第一個戰友，嘉靖終於不是一個人在戰鬥了。

當然張璁講的是什麼道理，楊廷和講的什麼道理，大禮議過程當中的椿樁件件的細節，都是那個時代人的那種咬文嚼字。舉一些例子，比如說剛開始嘉靖皇帝就覺得皇叔父興獻大王不好，想讓他爸也當皇帝，「我爸也當皇帝了，我就不必給別的皇帝當兒子了」。

爭來爭去，先能不能給一個皇帝的「帝」字？後來就爭成了，叫興獻帝。隨後再爭，能不能加一個皇字？再後來又變成了興獻皇帝。過後又說，興獻皇帝你們還要在前面加個本生皇帝，就是生我的，他是靠沾我的光才能當上皇帝，能不能把「本生」兩個字再去掉？

後來又爭，說興獻皇帝能不能入太廟，享受子孫後代的祭祀？後來再爭，說這些祭祀的禮節能不能和其他皇帝一模一樣？嘉靖皇帝反正前半生基本上就在幹這個事，各種各樣的爭。

爭來爭去，明朝歷史上真就出現了這麼一位，他從來沒有當過皇帝，但是享受的待遇和其他皇帝一模一樣的皇帝。如果你在史籍當中看到一個叫明睿宗的人，就是這個興獻王，實際上他一天皇帝也沒有當過。

總而言之，大禮議就這麼爭來爭去，最高潮是什麼時候？是嘉靖三年。

最後到了什麼程度？就是其中有一個階段，大臣們實在看不下去了，說這個國家整個統序就要亂了，我們跟你拚了。兩百多個大臣，其中就包括楊廷和的兒子楊慎，這個時候楊廷和已經告老還鄉了，其實被削職為民了，因為跟嘉靖皇帝關係搞不好。

楊慎接過父親的鋼槍繼續戰鬥，帶領兩百多個官員，說不行，今天不把這個事爭出個好歹來，我們絕不回家。就跑到故宮的左順門，就是今天的協和門。在那個門前跪在地上哭、號，然後搖晃那個門，喊著太祖、太宗，有人不幹了……等等。

此時的嘉靖皇帝再也不像他剛剛繼位時那麼溫良恭儉讓了，還什麼駁回，嘉靖皇帝說，喊是吧？都給我抓起來。兩百多個人是吧？查，誰帶頭的，先下到詔獄打板子，然後剩下接著查，兩百多個人最後有一百八十個人廷杖。

廷杖就是直接按翻了打板子，這不是說給你一個羞辱就完了，真是照死裡打。一頓板子打下來，一百八十個人當中，十九個人傷重不癒，最後死掉了。

嘉靖皇帝一旦掌握了權力，那種迅猛的出擊就是我破壞一切規則，按我的規則來。說到這兒，你能體會到他的權術當中的一個特徵，前面說了兩個特徵，第一，政治敏感特別好；第二，對分寸的把握特別好。現在，又顯露了他的第三個特徵，叫對時機的把握以及拿捏的火候，妙到毫巔，該認輸的時候認輸，該等的時候等，該出擊的時候絕對給你齜出獠牙。

看到這兒，你仍然會覺得大禮議距離今天好遠，那幫人跟瘋了一樣，為那一個字爭什麼爭？你還別說，嘉靖皇帝爭這個還爭上癮了。他一生執政可以分成前後兩段，後面這二、三十年，他主要躲在宮裡面煉丹、迷信道教，就幹這些事情。前半段這一、二十年，他可是個很勤奮的皇帝，可是他的勤奮跟別人也不一樣，他最津津樂道的事情就是跟大臣們去討論儒家的這些禮制。

這個討論可不是大禮議，討論他爹媽的封號問題，他什麼都討論，祭天的禮節、祭祖的禮節、祭孔的禮節，只要他看不順眼的，他就想改。根據李潔非先生的觀察，他說他看過《嘉靖實錄》，前半段簡直就沒法看，嘉靖皇帝天天在這搞一個學習班，在那開個研討會，不厭其煩地跟臣子們去爭論這些事情。

而且嘉靖統治的中期還出了兩本大書，《明倫大典》、《大禮全書》，都是把他研究禮制的那些心得寫成書，而且不僅在中國刊印，還要發到外國，這是我皇帝本人的學術成就。他剛剛進宮的時候，楊廷和這些人覺得這個小孩子不懂規矩、不懂禮，但是後來他居然自學成才，成為有明一代在這個方面學術成就很高的一個人。

看到這裡，你會不會覺得嘉靖皇帝也挺可愛的，原來是為了自己敬愛的父母去爭一些東西，爭著爭著久病成醫，最後成了一個專家，還是個很有鑽研精神的皇帝，他的性格當中沒準也有點可愛的東西。

錯了，嘉靖皇帝哪裡是這個目的？他是一個權術大家，他幹這些事情目的非常簡單，兩個字——權力。

03 權謀家的本色——占領意識形態制高點

前面我們講到這個人特別喜歡在禮儀問題上，搞各種各樣的大文章、小文章。舉一個小例子，一般一個皇帝都得有一個廟號，要不就叫什麼祖，比如說宋太祖；要不就叫什麼宗，比如唐太宗，什麼是祖？就是開國奠基的，一般來說第一代君主叫祖，因為開疆拓土，其後的都叫宗，即使像李世民那麼厲害的，都只能叫唐太宗。可大家有沒有想到，中國歷史上有兩個朝代有兩個祖，一個是清朝，努爾哈赤清太祖，然後康熙叫清聖祖。康熙也算是實至名歸，因為清代疆域的最後奠定，什麼收復三藩、收復台灣，確實是康熙幹的。

可是你有沒有想過，明代也有兩個祖，一個明太祖朱元璋；還有一個，那個造反的、篡位的朱棣，後來叫明成祖。這個明成祖就是嘉靖皇帝給改的，原來朱棣死了之後的那個廟號，叫明太宗。一直到他孫子的孫子的孫子，到嘉靖的時候，才改成這麼一個明成祖。

你覺得好奇怪吧，他為什麼這麼幹？很簡單，他覺得我跟朱棣是一樣的，我這皇帝位子不是我老子傳給我的，是我自個兒掙來的。其實還在計較大禮議那個事，但是你琢磨琢磨這個心思用得有多深。

說到這兒，你可能會覺得很奇怪，一個皇帝你天天放著那麼多事不管，天天跟這一字一句去較勁，你不是有病嗎？他還真不是有病，他所有的目的其實都是為了鞏固權術。要想理解這一點，你就必須重新理解儒家意識形態在中國幾千年歷史中的演變。

儒家剛剛起來，是漢武帝罷黜百家、獨尊儒術的結果。你說儒家在漢代有沒有被尊過？確實很尊，但這個「尊」是在學界的尊，在政治地位上其實沒有怎麼尊。

漢代之後，就是一個很長的儒學沒落時期，大概有八百年。從三國一直到五代十國。你說那不是中間還有一個唐代嗎？唐代不是盛唐嗎？對，可是唐代是儒釋道三教並存，首先皇家覺得我姓李，李耳也姓李，老子，我們遵奉道教。那些民間的士大夫又特別崇拜佛教，儒教在這當中顯得非常不高冷，儒教在唐代的位置其實非常微妙。

儒教真正起來是宋代，宋代大儒輩出，像北宋的程頤、程顥，南宋的陸九淵、朱熹都開始出來了。但是宋代的民間儒化的程度其實沒有那麼高，主要是高層精英當中出現了大儒。

到了元朝的時候，蒙古人管你什麼儒學不儒學，八娼九儒十丐，將近一個世紀裡面，儒學的地位又下降了。直到明朝，儒家才成為一種主流而全面的意識形態，社會的上層和民間社會全部儒家化。

明朝這個朝代特別有意思，朱元璋是一直致力於皇權的一支獨大，要把所有的權力收到皇帝自己手裡，甚至把宰相都給廢掉了。可與此同時，儒家意識形態又成為一種非常強大的對皇權的制約力量。

黃仁宇先生的《萬曆十五年》中，小萬曆皇帝在沒長大、沒親政之前，簡直就是儒家意識形態的一個囚徒。一個小皇帝天天被張居正那些人安排各種各樣的功課，早上天不亮就要起來，一直熬到深更半夜，各種各樣的典禮要繁複地去參加，天天在那兒換衣服，稍微得點空就得讀書。

明代的皇帝為什麼體現出那樣的不可靠的眾生態，跟儒家意識形態的空前強大是有關係的。皇帝只能擺出幾個姿勢：一種是我狠，不聽話宰你們，比如明成祖這樣的；一種是說我不搭理你，我跟你們鬧，比如說正德皇帝這樣的；再一種就是我不搭理你們，我躲起來，我罷工，比如說萬曆皇帝這樣的；還有一種就是認輸，你們說什麼就是什麼，比如明孝宗這樣的。只有最後這一種儒家給個好評，剩下全部差評，明代的皇帝在歷史上留下的聲譽就不好，這就是對皇權的一種制約力量。

基於這個基礎，再來理解嘉靖就方便得多了，他為什麼天天跟這些儒家知識分子去辯論禮儀？就是爭奪權力的最高峰。其實我們對比歐洲中世紀的歷史就知道，就世俗政權來說，如果你在精神上不能占據制高點，是很可憐的。歐洲的國王只要得罪了教皇，動不動就被絕罰，一絕罰之後，世俗政權就像紙一樣薄，一撕就破。不能占據意識形態的制高點，這是明代很多皇帝下場不好的原因。

嘉靖皇帝就明白這個道理，我們看武俠片當中經常會出現這樣的鏡頭，兩個武林高手打著、打著突然不打了，往上躥，順著樹、竹子，或者順著山崖往上躥，為什麼？他不是不打了，是要爭奪制高點去了，嘉靖皇帝就是這樣的一個高手。

嘉靖皇帝在獲得了這樣的意識形態制高點之後，真的是把士大夫集團玩弄於股掌之上，把他們像麵糰一樣揉來揉去。這四十多年是明代歷史上士大夫風氣最為敗壞的四十多年，不是說沒有能人，其實嘉靖用的那些首輔大臣都是非常能幹的人，楊一清、張璁、夏言、徐階，包括嚴嵩，都很能幹。但是這些人一旦看到這位萬歲爺，除了脅肩諂笑，就沒有其他的表情了，因為這位爺只吃這一套，誰也玩不過他。

嘉靖一朝對皇帝的崇拜達到了一個非常畸形的程度。

為什麼出現了一個海瑞罵皇帝，大家覺得太稀奇了，海瑞這個人名氣太大了，因為此前和此後罵皇帝的士大夫有的是，像萬曆一朝罵皇帝，說你什麼酒色財氣四病俱全，這樣的詞都可以寫在奏疏裡的，也沒事。

可是海瑞還沒怎麼罵，就已經變得名滿天下。為什麼？跟大貓熊一樣稀缺，嘉靖皇帝看了奏疏之後氣得手直抖，把奏疏扔在地上，說給我逮起來，我搞了一輩子就是防範出現這樣的人。後來旁邊的太監就說不用逮了，他自己棺材都準備好了。嘉靖皇帝最後為什麼沒有殺海瑞？保護大貓熊，這種物種，這麼「二」的人，我也沒見過。

嘉靖皇帝其實到最後已經達到了權術的什麼境界？就是可以無視一切規矩，你們儒家給皇帝定的，要參加這個典禮、遵從那個規矩，我可以一概不認。為什麼他到晚年可以二十多年不上朝，請注意，他的不上朝和他孫子萬曆皇帝不上朝，可完全是兩碼事。

萬曆皇帝不上朝，叫罷工，叫賭氣。他是說臣子們天天弄得我太狠了，這樣，我什麼也不幹。萬曆有六個「不」，叫「不郊、不廟、不朝、不見、不批、不講」，什麼意思？就是我既不到郊外去祭天，也不到太廟去祭祖；我既不參加朝會，我也不接見大臣；我既不批奏摺，我也不聽你們大臣給我講的什麼儒家經書。總而言之，我就當一個徹底的宅男，大門一閉，什麼都跟我沒關係。

到萬曆的晚期甚至出現朝署一空的現象，比如說禮部現在缺一個尚書，現在老大臣已經死了，要補一個大臣，萬曆不管。以至於當時六部堂官幾乎都沒人當了，整個朝廷處於一個真空狀態，到萬曆的晚年，他就不管。

可是嘉靖皇帝這二十多年不上朝，不是這個情況，他對朝局的掌控已經達到了妙到毫巔的水平，首先大量的特務機關遍布朝中，窺刺每一個大臣的微小動作。而且他經常還會接見一些重臣，比如說首輔，然後面授機宜；而且白天煉丹，晚上批奏摺，要搞到早上五點鐘才睡覺。

再舉一個例子，明代的內閣，其職能就是為皇帝起草聖旨的草稿，這叫票擬。這些草稿到了嘉靖皇帝這裡，沒有不改的，往往是滿篇逐字逐句地改，即使這個草稿已經非常符合他的心意了，仍然要改，找幾處不重要的地方，改上幾個字，顯得大權仍然在我的手裡。他到晚年，其實是用這種方式來執政，他只是無視一切禮法規則而已，這就是嘉靖皇帝的權力境界。

04 皇帝和首輔間的權力遊戲

社會學上對於權力有一個分法，叫權力的三張面孔，是層次不同。最低層次的權力使用是直接影響決定，這叫權力的公開使用。第二個層次是影響議事的議程，就是說我們今天討論要不要建一條高速公路，對於議程本身的影響，這是權力的暗中運用。

其實還有第三個層次，就是權力的無形運用，我只是運用權力去改變這個社會和整個權力結構當中人的偏好，說白了就是對意識形態的影響。權力的這三張面孔、三個層次、三個舞台，嘉靖皇帝都有上佳的表演。

但是其實權力還有一個更高的層次，那是進入化境了，就是權力其實表面上沒有運用，但它一直都在場，為什麼？因為權力運用的最高境界就是控制人，嘉靖皇帝在控制人方面，那真是高手。

嘉靖皇帝是怎麼控制人的？在明代政治中，有一個樞紐性的人物，就是內閣的首席大學士，不是宰相，這個角色又被稱為首輔。嘉靖皇帝一生用了好多個首輔，最開始是楊廷和，然後是楊一清，再然後就是衝出來第一個在大禮議當中支持他的張璁，後來是夏言，再然後是大奸臣嚴嵩，最後一個人叫徐階。

為什麼要用這麼多人？這就是控制人的手法，我先立一個首輔起來，我很看重你，然後在你屁股後頭擱上這麼一個年輕人，這個年輕人我就不斷地暗示他，讓他去攻擊這個首輔。等到火候差不多了，把這個首輔扒拉開，把這個攻擊他的人再立為首輔，然後在他屁股後頭再跟上這麼一個人物。一直就是這個手法，簡直就是一個炒股高手，在拋盤的時候毫不留情，在拉升的時候手法凌厲，在看漲的時候其實已經盯著下一支備選的股票，他就是這麼一個股神。

為什麼要這麼玩？就是不能讓任何一個人在首輔這個位置上待的時間過長，在你羽翼豐滿之前就把你幹掉，這樣我皇帝就握有了最終的權威。其實這套手法歷代歷朝的權謀家都是這麼用的，就像前幾年我聽曾仕強教授講，什麼叫中國式管理，一個董事長在開大會的時候，發現老臣們是一派觀點，有一個非常能幹的年輕人是另外一個觀點，現場吵起來了，怎麼辦？

當時毫不猶豫的，一定要猛烈地批評這個年輕人不懂規矩，怎麼不懂得尊重老人家？批評完了之後，再把這個年輕人叫到辦公室來，說你知道我今天為什麼批評你嗎？哪能跟老同志那麼說話，其實我知道，這個公司能做事的就你一個，你好好幹，我看好你，將來我一定支持你，提拔你。這個年輕人感恩戴德，就拚命地幹，從此跟那些老臣勢不兩立。這就是嘉靖皇帝的玩法，歷朝歷代的奸人都是這麼幹的。

接下來我們就要解決一個問題，嚴嵩這個人是怎麼回事。嚴嵩不是個奸臣嗎？什麼叫奸臣？就是一邊殘害忠良，一邊貪汙受賄，一邊還欺瞞皇帝。可是嘉靖皇帝哪是好欺瞞的？號稱一代英主，你不覺得一代英主和一個奸臣長期共存二十年，這到底誰在糊弄誰？這邏輯上講不通。

嚴嵩號稱奸臣主要源於三個事。第一件事情說他兒子裡通外國，準備謀反，這肯定是扯淡。第二件事情說他貪汙受賄，後來徐階在彈劾他的時候，說貪汙受賄數額特別巨大，黃金三萬兩，白銀二百萬兩，還有其他的金銀珠寶，又值好幾百萬兩。

後來把嚴嵩的家抄完之後找不著這筆錢，連一個零頭都湊不足。又過了十個月之後，嘉靖皇帝還問，你們不是說有錢嗎，錢呢？徐階只好說，這沒準還有一個奸臣，怎麼回事我也不知道。這也是子虛烏有。

第三件事情，就是有一個號稱忠臣的人，就是著名的楊繼盛，他上奏摺彈劾這個嚴嵩，說他有五奸十罪，就是說他是奸臣，有五個理由，他有十條大罪。後來嘉靖皇帝據說是受了嚴嵩的挑撥，就把這個楊繼盛給殺了，就這麼一個事，叫殘害忠良。

這到底是怎麼回事？我先講一個場景，清代成立了一個明史館，修明代的史。清代有一個特別著名的學者李福，這個人就坐那裡講，說嚴嵩根本就沒罪，說了好多，把其他修明史的臣子都弄傻了。

後來有一個人就幽幽地說了一句話，說照你這麼說，嚴嵩不是奸臣，那楊繼盛就是奸臣，楊繼盛彈劾他，他才是陷害忠良。這句話一出口，李福就不敢吱聲了，說算了吧，就這麼著吧，嚴嵩奸臣就奸臣吧。為什麼？因為在清代，早就有皇帝給定下來楊繼盛是一個忠臣，這是誰定的？順治皇帝。

順治皇帝曾經下令寫過一齣戲，叫《忠湣記》，說的就是楊繼盛的故事。清朝剛剛建立，需要樹立這麼一個忠臣的典範供大家學習，楊繼盛當了忠臣，你嚴嵩只能是個奸臣了，這個案子一直到清代才算定案。李福一想，原來是當朝皇帝定的事，我還是不吱聲吧。

回到明代，嚴嵩是不是個奸臣？確實除了楊繼盛之外，還有一個叫沈煉的人上書彈劾他，都說他是奸臣。可是你要搞清楚，在明代政治當中，當首輔大臣被叫奸臣，這是你的本職工作，很少有首輔大臣沒被罵過奸臣。而且嚴嵩當首輔時間長，他入閣當大學士二十年，當首輔十五年，你如果平攤在這麼長的時間裡面，被罵幾聲奸臣，又有什麼奇怪的？其實都是給皇帝背黑鍋。

我不是替嚴嵩翻案，如果想看嚴嵩的翻案文章，我建議上網去搜一篇文章，是美國的一個華裔歷史學者寫的，叫〈大學士嚴嵩新論〉，你去看看，嚴嵩到底冤不冤。在這裡我們得說，嚴嵩他肯定不是個好人，但是他比前面的夏言、後面的徐階能壞到哪裡去，可能也未必。

但真正奇怪的是嚴嵩這個人憑什麼在嘉靖皇帝面前，居然幹了二十年大學士、十五年的首輔。要知道嘉靖皇帝「炒股票」的手法是很凌厲的。這是為什麼？其實這才是真正有趣的地方，原因很簡單，有如下四個：

第一，他非常能幹，嚴嵩是最能明白嘉靖皇帝心裡想什麼的。嘉靖到晚期養成了一個破習慣，就是經常寫個字條，這上面的字什麼意思？寫得模稜兩可。其實他就是讓底下人猜，也是他鞏固自己權威的一種方式，猜來猜去，發現只有嚴嵩這個人經常猜得準。

而且嚴嵩後來歲數大了，他自己老糊塗了，可他那個兒子嚴世藩幫他猜，也猜得非常準，也是非常能幹的一個人。而且替皇上寫青詞，就是修道用的一種文字，給上天玉皇大帝上的一種奏表，也寫得非常好，這是能幹。

第二，非常勤快。嘉靖皇帝經常派一些特務到外面給他看看，大臣們下了班都去幹什麼。特務們回來報告，說嚴嵩那麼大歲數，白髮蒼蒼，熬夜點燈寫青詞替你幹活。嘉靖皇帝說那麼大歲數真勤奮。

第三，嚴嵩特別願意為嘉靖皇帝去背黑鍋，其實楊繼盛事件就是一個大黑鍋。怎麼回事？楊繼盛去彈劾嚴嵩，什麼五奸十罪，後來歷史學家都在講，其實都是一派虛言，不敢說一派胡言，就是都沒有落實。

但他這封奏疏壞就壞在一句話上，他跟嘉靖皇帝講，嚴嵩是個奸臣，你要是不信，你就找你那兩個兒子問問，你也可以找別的內閣大學士都問問。壞就壞在這句話上，為什麼？因為這句話有一句潛台詞，就是你被蒙蔽了，你身邊的人都知道，就你不知道。嘉靖皇帝最受不了的就是這個。

另外還有一個地方觸犯了他最大的忌諱，就是找他兒子問一問，就是裕王和景王，這兩個人是他兒子。可是嘉靖皇帝在修道的時候，他聽道士講了一句話，說你這個人要想健康長壽，必須二龍不相見。什麼意思？就是你那兩個兒子必有一個將來會當皇帝，也是個龍，你也是個龍，這二龍是不能見的。

嘉靖皇帝說怎麼著，你要害死我呀，讓我跟另外一條龍見面。而且你提太子幹什麼呀？你難道要投靠太子，來搞我嗎？因為這個他才下令把楊繼盛給殺了，嚴嵩在整個過程當中起到什麼作用，其實還真是談不上。為什麼？因為這就牽扯到嚴嵩的第四個特徵，就是他是一個特別陰柔而低調的人。這你想不到吧？一個奸臣不跋扈，而且非常低調。

嚴嵩這個人原來也是一個飽讀詩書的人，後來在嘉靖朝這麼會玩權術的皇帝的手下，他就漸漸地變成了一個只能自保，小心翼翼，同時撈點小利益的這麼一個人，一隻可憐蟲而已。

但是他可憐歸可憐，嘉靖皇帝遇到嚴嵩也算是棋逢對手、將遇良才，因為嘉靖皇帝給嚴嵩下的所有的套嚴嵩都不鑽，這兩個人真是虐待狂遇到了受虐狂，這兩個人既不爽，又互相欣賞，屬這麼一個關係。

嚴嵩陰柔到什麼程度？比如說他前面的首輔叫夏言，嘉靖皇帝就把他擱在夏言的後面，就想挑撥他倆關係，讓嚴嵩去攻擊夏言，嚴嵩不上這個當，對夏言恭敬得不得了。恭敬到什麼程度？有一次他跑到夏言府上，說我請您老人家到我府上來吃一頓飯好不好？人家夏言對他什麼態度？吃飯？我見都不見你。就吃了一個閉門羹。

嚴嵩回到家，飯已經擺上了，他把原來準備給夏言的位子擺好，然後就跪在地上，當著自己家人的面，把自己寫好的給夏言的祝酒詞跪在地上念了一遍。意思就是夏大人，你來不來，我都把你當神敬著。當然，也有人就把這件事傳到夏言的耳朵裡，夏言就高興。

嘉靖皇帝不管怎麼挑撥，這嚴嵩就是不去搞這個夏言。嘉靖皇帝說你不搞，你不上當是吧？我就給你來一個狠的，他把夏言突然就攆出了朝廷，然後提拔嚴嵩當了首輔；然後又把夏言給弄回來，把嚴嵩給扒拉回去，把夏言變成首輔。我這麼給你一挪位，夏言不可能不恨你。

好，夏言恨上嚴嵩，就天天給他羅織罪名，告他的狀等等。嚴嵩帶著自己的全家老小，跑到了夏言的府上，跪在他的座位前，幾乎是哭求，我真沒有這個意思，等等，就是不要臉。低調到這個程度，夏言一看，還挺服的，心想算了吧，夏言就低估了這個嚴嵩。

後來夏言被嘉靖皇帝找了一個藉口給殺了，你嚴嵩不動手，只好我老人家親自出手了，然後，他就接著給嚴嵩下套，因為這個時候嚴嵩已經是首輔了。他讓嚴嵩當首輔，當了一年多的獨相，什麼意思？就是不僅你自己是首輔，而且整個內閣裡面辦事的大學士就你一個人，你是權傾朝野，一人之下，萬人之上，這事擱一般人還不高興壞了，高興得鼻涕泡都出來了。

嚴嵩才不上這個當，不斷地上奏摺，說不行，組織上趕緊派人來吧，我一個人責任太重，我可不想攬這麼大的權。嘉靖皇帝說不上當是吧？這樣吧，你不是要人嗎？你自己推薦幾個人，其實就想讓他去延攬自己的黨羽，落下一些口實，將來搞這個嚴嵩。嚴嵩才不上那個當，說不行，我不能推薦，這種事您自己定。

後來嘉靖皇帝說這樣吧，你這麼忠誠，我給你上一個封號，叫上柱國，就是國家全靠你，像個大柱子一樣撐著的，而且是上柱國。嚴嵩說不行，這個「上」字我可不能用，「上」只有您能用，搞得嘉靖皇帝特別沒脾氣，下什麼套他都不鑽。當然後來也沒饒了他，在他屁股後面果然又擱了一個年輕人，這就是後來的首輔徐階。

其實大家都心知肚明，前面這齣戲已經演過好多回了，再開演大家都知道後面的劇本，嚴嵩知道這個徐階上來就是要他命的，徐階也知道自己的使命就是搞嚴嵩。嚴嵩對徐階特別陰柔，他幹出了這麼一件事，把徐階請到自己家裡吃飯，酒過三巡之後，把自己的兒孫都叫出來，說都給徐大人跪下，當時就跪了一地。

嚴嵩跟徐階講，我歲數大了，將來這幫人能不能活，全拜託你了。徐階當然只能當場答應了，但是後來徐階也沒有饒了這個嚴嵩，對嚴嵩最後下黑手的就是這個徐階，這當然是後話了。

嚴嵩最後的下場是什麼？雖然他招來招往，跟嘉靖皇帝過了十五年的招，最後嘉靖還是沒饒了他，利用徐階把他給攻倒了，把他兒子給殺了，把他的家給抄了；最後嚴嵩削職為民，貧困而死。後來有人看到嚴嵩，是在那個墓地裡撿人家祭祀的食物吃，最後是活活餓死的。

一個傳統的權術家，他能夠用的權術的招法，在嘉靖皇帝的一生當中，我們都可以看得到，他是最好的一個權術標本。

對我們今天的人有什麼意義？其實估計有很多人心裡也在想，我的主管就是用這些招來對付我們的。

對，可是要知道，權術這個東西它要去使，它有一個前提條件，就是你不得不在這個位置上，你沒有其他的選擇。我們當代社會是一個開放社會，一個老闆他真正想把生意做好，他得跪在地上求他自己公司裡那些能幹的人好好幹活，現在開放社會，沒有誰非得在什麼位置上不可。那些權術對於一個開放時代的自由人，其實是無法施展的。

勿以善小而不為，
勿以惡小而為之。

第 8 章

朱高煦

惡之花結成的惡之果

正是因為在明朝發生了這麼一件事情，
最後就在它的機體上演化出了一個巨大的毒瘤，而且根本無法割除。
從某種意義上講，最後明朝就是死在這件事情上面。

引言

我們中國老百姓都熟悉一個詞，叫惡有惡報。

這個惡有惡報可不是指你幹了一件壞事，將來一定在現實生活當中就遭報應，而是說，做壞事會對你的內心世界發生一種可怕的扭曲。因為你幹了一件壞事，你就不得不幹第二件壞事來掩蓋第一件，然後緊接著再幹第三、第四、第五件，來掩蓋這第二件。你的一生就會陷入一個黑洞，明成祖這前半輩子就進入了這個邏輯圈套。

接下來我們就來看看這朵惡之花怎麼樣持續生根發芽，開枝散葉，變成整個明朝兩百多年的政治邏輯，最後一直導致這個王朝滅亡。

一四〇二年，明成祖終於變成了永樂皇帝，雖然當皇帝的方式不是很光彩，但是畢竟人家是皇帝。緊接著他就幹了很多事情，鄭和下西洋，修《永樂大典》，等等。

他還幹了一件事，叫「五出漠北，三犁虜庭」，就是御駕親征，我天子守國門，我去把那個北元，那個殘餘給繼續打掉，這是不是立下一個不世之勳？為我的子孫奠定萬世的基業？表面上看確實是這麼回事。

但是明成祖這一生有一個特點，就是所有的豐功偉績都不能把內褲扒下來看，一看哎喲，簡直就沒法看。就說「五出漠北」吧，第一次是永樂八年，從京城出發，路上走了三個多月。五月八號，算是逮著了一個蒙古人，是一個探子，抓來一審，這算是第一個俘虜，不得了的成績了。

然後接著往前走，一直走到了這一年的六月九號，才算是看見了一支蒙古軍隊，一共多少人？幾百個人，不得了，二、三十萬大軍看到幾百個人高興壞了，因為幾個月沒見生人了，追、追，追了十幾里路，也沒殺到什麼人。這就是第一次明成祖御駕親征，叫一出漠北。

這就消停了吧？到了永樂十二年，接著出漠北，這次帶的人多，五十萬人，確實有成績，這次殺了幾百個人，奏凱而還。緊接著就是第三次、第四次、第五次，基本上都是深入漠北，連蒙古人的毛都沒有摸著一根，就回來了。

但是回去寫新聞簡報不能這麼寫，皇帝老人家御駕親征，戰果是大大的，然後還搞出這八個字，叫「五出漠北，三犁虜庭」。那意思，我們已經把人家連根拔起了，搞到他老巢去了。

可能地方他確實是到了，但是趕盡殺絕蒙古人這個戰略目標他可沒有達成，要不怎麼給後來的子孫明英宗留下了土木堡之變那麼大的禍根？連皇帝都讓蒙古人給抓走了。

你可能會問，他是神經病嗎？每一次二、三十萬、五十萬兵馬出塞外，這得花多少錢？空耗民財，他圖的是個什麼？他圖的就是解決自己的政治死結。什麼死結？他原來出身就是燕王，是朱元璋派他在北邊駐守國門，防範蒙古人的，後來他起兵靖難造反，提出來的一個理由就是，我對國家有用處，你南京的皇帝憑什麼要削我的藩？

好，你這個道理如果成立的話，你現在是皇帝，現在北邊還有一些守住國門的藩王，都是你的兄弟、姪子，請問，你要不要把他們內遷？如果你把他們內遷，就說明守國門完全沒有用處，原來朝廷削你的藩是對的。如果你不把他們內遷，繼續讓他們守國門，當看門狗，請問，如果有一天有一個手握重兵的藩王突然起兵靖難，搞第二次靖難之役，威脅到你，你可怎麼辦？

他要打開這個邏輯死結，他就必須幹一件事，就是你們都閃開，我來，我原來就是看門狗，我經驗豐富，我把蒙古人給打滅了，這就不需要看門狗了吧？他就跑到塞外一通狂咬，雖然什麼也沒咬著，逮幾隻耗子，然後就回來一屁股坐在北邊，說我不走了，南京的都城給我遷到北京來，我這條老看門狗守住北邊，你們其他的藩王都給我回到內地去，誰也不許握有重兵。

明成祖一生搞什麼《永樂大典》、鄭和下西洋、五出漠北，甚至是遷都北京，這都是掛在他的功勞簿上的、偉大的工程。其實脫下遮羞布一看，原來都是為了解開他靖難造反的這個政治邏輯死結。

01 篡位皇帝的繼承爭奪戰

下面要說的是他真正難以解開的一個死結。你總要死的，請問，你找什麼樣的人來繼承？原來靖難的時候，他打出來的旗號就是你無能，我來，我行，我是太祖皇帝最棒的兒子。

那好，請問繼承制到底是嫡長子繼承制，按照宗法制度來，還是按照誰能幹誰來？老天爺真是跟他開了個玩笑，我們假設，比如說他生一個大兒子，這個大兒子特能幹，就又立賢又立長，這個問題就沒有了。

可是老天爺跟他開了個玩笑，就是他極其不喜歡他們家的嫡長子老大，他喜歡老二，請問，你老人家百年之後，你安排誰當繼承人？這就成為一個問題了。

說到這兒，有必要簡單介紹一下他幾個兒子。他一共生了四個兒子，最小的兒子出生一個月就死了，不算數；老三叫朱高燧，和下面要講的故事關係不是很大，也略過；主要的矛盾就發生在老大、老二之間。

老大叫朱高熾，老二叫朱高煦。你可能覺得奇怪，我們打個岔，一般來說明代皇族起名字都是用同一個偏旁，比如說上一代太子朱標，他叫朱棣，這都是木字邊。

那到這一代應該都是火字邊，朱高熾確實是火字邊，那個煦怎麼也是火字邊？這就牽扯到中國古文字的一個知識了，下面四個點也是火字邊，它象徵著熊熊燃燒的大火。烹調的「烹」字，煮東西的「煮」字，下面不都是四個點嗎？這兒打個岔，還是回來說這兩個人。

為什麼不喜歡這個朱高熾？兩個原因。第一，太胖了，那個時代胖子就受歧視。史籍上寫朱高熾有一句話，叫「稍長習射，發無不中」，說他年紀大了之後就學習射箭，一旦射出去都能中。

聽著是好話吧？但是我告訴你，史官壞著呢，這句話其實就是在埋汰他，為什麼？因為那個時候射和騎是連在一起的。什麼叫射箭射得準？站那兒射不算，得騎在馬上射，從古到今都講的是騎射。

他為什麼不能騎射？胖，上不去馬，而且加上腿腳不好，只能站在那裡射。明成祖朱棣是什麼人？馬上皇帝，弓馬嫻熟，他就肯定看不慣這個兒子。

第二個原因，就是因為性格上反差實在太大，明成祖是一個什麼人，性格急躁而且殘忍，非常堅毅。可朱高熾性格相對來說比較和善，比較寬緩，做事情比較遲鈍，一個父親對於這麼一個不像自己的兒子，一般來說是看不慣的。

他為什麼喜歡老二？這得說這個朱高煦實在太像他了，弓馬嫻熟，戰場上也非常有勇有謀，一個父親當然就喜歡像自己的兒子。而且還不僅是這一點，這個朱高煦是立過大功的，舉兩個例子。第一個例子，就是在朱棣造反之前，其實他三個兒子都在南京當人質，兒子被扣在南京，你造什麼反？就算你得了天下，當了皇帝，你沒有繼承人。

這就得看朱高煦這個人，非常勇武，他得到訊息之後，居然搶了一匹馬，帶了自己的大哥大胖子朱高熾和三弟朱高燧，斬關奪將，一路逃回北平。

一看三個兒子回來了，朱棣高興，這可以放開手腳大幹了，我兒子回來了，這叫天助我也。

第二個例子，在靖難之役的過程當中，南邊的建文帝犯了一個天大的戰略錯誤，他居然給前線將領下了一個指示，說勿使朕有殺叔之名。不要讓後代認為我這個皇帝殺了我的親叔叔，打仗歸打仗，但是不要把朱棣打死，我們要抓活的，你這可就讓前線將領為難了。

與此同時朱棣也知道這個命令，他就演化出一個戰略，就是每次打仗的時候，他自己衝鋒陷陣在前，反正你又不敢把我怎麼樣。有的時候一場戰鬥打下來，他居然能換幾匹馬，為什麼？馬死了，對方的士兵只敢射他的馬，不敢射他的人。

當然，他也給自己留一個後手，就是把所有的精銳騎兵部隊交給了他的二兒子朱高煦，一旦我實在危險了，你可要衝出來救我，經常就發生這種事。對這個兒子可就不僅僅有天倫親情，他還有救命之恩，朱高煦多次在戰場上救了他。

有的時候被救出來之後，難免情感衝動，一衝動就說出這樣一番話來，說勉之，你好好幹，世子多疾。就是你大哥朱高熾現在是世子，好像他是繼承人，但是對不起，他多疾，身上有病，他活不長，將來我要是得了天下，我讓你當繼承人，一激動就經常這麼說。這就是朱棣奪位之前的繼承人的基本態勢，朱高煦信心滿滿，朱高熾大胖子在旁邊等著，他也沒有招。

但是一四〇二年得了天下之後，又過了兩年，一四〇四年，這個朱棣居然就封了太子，封的居然就是世子，原來的老大，他極不喜歡的這個朱高熾。你說為什麼？首先這兩年肯定是很糾結，為什麼還是選了一個他不喜歡的人？我想主要是三個原因。

第一個原因，因為他畢竟是世子，他為什麼當世子？是因為朱元璋特別喜歡這個孫子。小孩胖的時候就特別討巧，朱高熾小時候就胖。這個朱高熾小時候胖乎乎的，又憨厚，朱元璋的性格跟朱棣很像，非常殘忍。但是老爺爺有時候就喜歡跟自己性格不太一樣的這個孫子，你到生活當中經常能觀察到這個現象。有兩個歷史上記載下來的事件，有一次朱元璋就讓自己所有的皇孫檢閱軍隊，回來向他報告。

其他的孫子都跑去檢閱，很迅速地向爺爺報告。唯獨這個朱高熾，起來得又遲，回來得又晚，朱元璋就問他，你怎麼這麼晚？他說這個天太冷，我是讓士兵吃了早飯再接受檢閱，所以回來得晚。老爺爺說好樣的，果然是一個仁厚君子。

還有一次，朱元璋搞了一大堆奏摺，也是把皇孫們叫來，說把重要的挑出來給爺爺看。朱高熾這個小孩也是胖，也是笨，可能腦子也不是很好使，挑出來幾份奏摺，上面全是錯別字。朱元璋就不高興了，說你怎麼挑的都有錯別字？小朱高熾就講，我就是覺得這幾份奏摺特別重要，有沒有錯別字我覺得不重要。棒，這孫子棒，朱元璋就指定他當世子。

朱棣，他是打著他老爺子朱元璋的旗號造的反，朱元璋給他定的事情他還真就不敢輕易地推翻，這是第一個原因。第二個原因，他在打靖難之役造反的時候，朱高熾是留守北京的，他沒有犯什麼錯，而且也立下了大功，比如說給前方輸送一些糧草。而且還有一次，就是中央的軍隊已經把北京合圍了，是幾十萬大軍合圍北京。而朱高熾帶著一萬人，而且是老弱殘兵，居然就把北京給守住了，後來朱棣一個反攻，裡外夾擊，才把中央軍給消滅了。人家有功勞，你憑什麼把他給廢了？

其實據我猜測，還有第三個原因。前面朱棣講得好，世子多疾，我現在把你放到太子的位置上有什麼了不起？你不是有病嗎？遲早會掛，到那個時候我再讓老二接班。在朱高熾當太子的這些年裡，真是沒過好日子，一方面朱棣對他有著出於皇帝對太子的正常的防範心理；另外一方面，還折磨他，恨不得把他早點弄死，好讓老二接班。

你可能會覺得很奇怪，虎毒還不食子，對不起，中國古代政治你要是讀過一點，你就會知道，天家無骨肉之情，父子君臣之間什麼事都幹得出來，尤其是朱棣這種性格的人。在朱高熾當太子期間，他是完全沒有權力的，被防得個賊死。

現在有據可查的資料證明，他簽發過的一些文告都是什麼特質？都是水旱災情、安慰民間，什麼長官第一時間趕到現場，群眾和家屬情緒穩定，就說點這個。另外就是一些皇族進京朝賀的時候，如果是平輩，朱棣來接待；如果是小一輩的，太子來接待，每天都是接待吃吃喝喝，除此沒有任何正經事。

02 虎毒也食子

朱棣經常要出門，前面說的五出漠北，三犁虜庭，他不得北伐嗎？御駕親征，他要建北京城。他一旦離開南京，就得這個太子朱高熾監國，監國是古代政治的一個制度，就是皇帝不在京城的時候，往往把太子放在這兒，代理皇帝來處理一些政務。

朱棣一共出去過六次，讓朱高熾六次監國。首先他把大部分的行政班子都帶在自己身邊，帶走了，小事你就辦。什麼叫小事？就是四品以下官員的任命叫小事。

你想想看，整個帝國裡面有多少四品以下的官員？名字多得皇上根本就記不住，平時也見不著皇上的面，更何況太子？朱高熾憑什麼來作決策任命他們？這種級別的官員本質上是官僚系統自我協調的產物。說白了，朱高熾在南京監國，沒有任何權力。

即使如此，朱棣還是不放心，把自己的一個秘書班子——叫六科，留在了南京。那可不是輔佐太子，是負責記錄太子行政的一切細節，賞一人因何而賞，罰一人因何而罰，全部給我記錄在案，然後按時按點遞送到行在，皇帝要看。你說太子還有什麼權力？朱高熾這個監國的太子在南京其實就是監牢裡的一個犯人，外面的看守是遠在天邊的朱棣。

當時的刑部尚書叫劉觀，這個人是一個著名的貪官，貪贓枉法，已經惡蹟昭彰。這朱高熾有時候也實在看不下去，一時沒忍住，叫過來批評了兩句，以後不許貪贓枉法，要改。就這麼個事，被記下來了，並告訴了朱棣，朱棣馬上就寫信回來了。

那個話說得還是比較溫柔的，說當皇帝為人要寬厚，不要動不動就對臣子搞批評，尤其這些尚書都是我任命的，你要給他們留面子。這話說得好像也對吧，這就是領導的藝術，領導永遠說正確的話，它的藝術在於什麼時候說什麼樣正確的話。這個話的意思就是，我的人你一個都不許動，連態度上的表達都不允許有。

這還不叫折磨，什麼叫折磨？等第一次監國後，就是朱棣回到南京之後，把這幾個月時間裡所有朱高熾幹的事情，用了什麼人，調動了什麼人，用了什麼錢，全部駁倒，全部推翻重來。

而且出文告，是直接貼在午門的，調動的人給我調回來，用掉的錢給我收回來，這不就等於是打臉嗎？他一方面囑咐太子要給大臣留面子，他是一點都不給太子留面子。說白了，如果現代政治分析家要生活在當時，肯定就有解讀，這就是要幹掉太子，已經是剝奪太子在群僚和百官面前的所有顏面，這哪是一個培養儲君的態度？

後來有一個不識相的，這個人叫耿通，他有一次就跟朱棣講，說不用了吧，太麻煩了，把太子幹的事全部駁回，也沒有什麼大不了的。朱棣就不高興，不高興就得殺雞給猴看，把耿通找個藉口抓起來，然後就明擺著跟底下辦案的大臣講，說這個人犯的那些事無所謂，他就是離間我父子感情，像這樣的人應處以極刑。

什麼叫極刑？剮了，就是寸折，就是因為講了這麼一句還不是明顯衛護太子的話，就被活剮了。你說太子以後的五次監國，他能怎麼監？噤若寒蟬，所有的事都不敢辦。

他東宮裡也有一些大臣，這些大臣知道跟著太子肯定是倒楣，都嚇出病了。朱高熾就安慰他們，你這不是病了嗎？我也沒法救你，皇上要看你不順眼弄死你，我也沒辦法。但是你放心，萬一哪天我真當了皇帝，我照顧你兒子好不好？你說這太子當到這個份兒上有多窩囊。

這其中就發生了一件明代歷史上最可惜的事。才子解縉雖然幫明成祖幹了很多壞事，但是有一條，他畢竟是文人，文人還是講究儒家傳統的那一套，比如說立繼承人一定要立嫡長子。

說有一次，朱棣就對二兒子朱高煦表達出喜愛，這兒子多棒，能打仗，上馬姿勢多好看。解縉就在旁邊講，說你這個繼承人馬上是要當君主的，你不能再表揚這種打仗厲害的人，太子現在多棒。朱棣一聽就跟他翻臉，說你居然介入我們父子之間這種大事，馬上就把他發配到交趾，就是今天的越南，從南京直接發配到越南。

本來這個事也就了了，可是後來解縉從越南回來之後，他不知道有一個忌諱，居然單獨去見了一次太子。朱棣在外面，這件事情被他知道了。朱棣一抹臉，根本就不認人，不管你原來幫我做了什麼事，什麼修撰《永樂大典》，直接就給關起來了，從永樂八年一直關到永樂十三年。

後面的故事朱棣就派紀綱直接把解縉埋到雪裡給凍死了，這就是解縉的下場。朱棣怎麼折騰太子，那招多了去。比如說突然有一次，也是有一次他伐漠北，回到北京，太子說你回到北京我也得迎接，雖然我人在南京，就派了一隊臣子，寫著賀表，到北京城外去迎接他。

朱棣說迎接來遲了，這賀表寫的字句也有問題，這說明東宮輔佐的那些老師都有問題，全部抓起來。居然就從南京把太子身邊所有的人都抓到了北京，一關就是十年。這些人當中可包括明代後來的那些名臣，什麼楊士奇、楊浦，就是著名的三楊之二，都被抓起來了，弄得這個太子徹底變成了一個寡頭的太子。

後來到什麼程度？有一次明成祖朱棣覺得，北京城也建成了，這時候他已經有點回心轉意，已經想認這個太子了，就說讓他到北京來吧，我們父子在北京團聚吧。他這話剛出口，他身邊一個老臣，叫夏原吉，夏原吉就出來說，這趟差事我去，老臣願往。

朱棣說為什麼你去？派個人去把他叫來不就完了嗎？夏原吉說你這麼多年嚇唬太子，他已經嚇破膽了，如果這個時候莫名其妙把他叫來，他沒準在南京就會嚇死，沒準兒就自殺了。我跟他關係還不錯，我跑一趟吧，我去他不會有什麼猜疑。朱棣同意了。

這個朱高熾真給嚇壞了，差點自殺。後來一看夏原吉來，判斷這趟看來不是什麼大的壞事，才去了北京。你想想看，這父子之間的倫常關係已經被折騰到這個地步。

你說後來怎麼樣？後來還真就是朱高熾接了他的班，那就奇怪了，朱棣把他折騰得這麼七葷八素，為什麼還是選他當了繼承人？朱高熾當這個窩囊太子一當就是二十年，其間受盡了屈辱和折磨。但是後來他怎麼就鹹魚翻身，終於當上了皇帝？他就是後來的明仁宗。關於這一點，歷史上有各種各樣的解釋，其中一個，說他生了個好兒子，這人叫朱瞻基，就是後來的明宣宗。那朱棣因為喜歡這個孫子，就順便保住了朱高熾這個兒子的太子之位，這是一種解釋。

還有一種解釋，說朱高熾太能裝孫子了。他裝孫子能裝到什麼程度？我們在史書上看到一個記載，他連身邊的人都完全不信。

有一次他身邊的一個近臣跟他講，說最近聽說有人在你爹耳朵邊上說你壞話，你知道不知道？不知道，我就知道當一個好兒子，侍奉我爹，剩下什麼都別跟我說，我什麼都不知道。你想想看，一個人隱忍，這樣隱忍二十年，也真是不簡單。

03

繼承者正統性的思量

當然這些原因也許都成立，但是我們隔了這麼多年的歷史煙塵再看這件事情，你會發現朱高熾當皇帝，其實是大勢所趨。有三個趨勢，三種勢能鎮在他身邊，是潛滋暗長，漸漸養成。

首先，朱棣本身的心思就在發生變化。朱棣在篡位造反之後，他有幾個政治死結，他一生要想辦法把它打穿。其他幾個他都解了，唯獨最後一個，就是你怎麼選擇繼承人的問題。

因為他一定要證明自己的合法性，那他的合法性從哪兒來？一直按他講的，就是當皇帝一定是最能幹的，怎麼能選擇一般的嫡長子？如果堅持這個邏輯，你是不是要讓你們家老二當繼承人？可是他不敢，因為他心知肚明，如果不堅持嫡長子的繼承制度，一定就會引發一個後果——大明王朝長不了。

任何一個皇帝只要他有幾個兒子，所有的兒子都覺得我能幹，應該我上，不是選賢任能嗎？不是不任命嫡長子嗎？這就意味著每次換皇帝的時候，都會引發奪嫡之爭，如果嚴重的話，就會重演靖難之役這樣的全面內戰。這樣折騰幾回，大明王朝還有得好嗎？肯定散了架了，這一點朱棣是知道的。

不管他在情感上是多麼傾向於自己的二兒子朱高煦，他在理智上知道，一定得讓這個朱高熾，自己看不上的兒子當皇帝，否則子孫們有樣學樣，這就永無寧日。他當皇帝時間越長，這個觀念他就越琢磨得清晰。

其實在歷史上還有另外一個皇帝，也是這樣的，這就是著名的唐太宗李世民。李世民和朱棣是一樣的，得位不正，他是通過玄武門事變，把老爹給抓起來，把哥哥、弟弟全家都給宰了，自己才當上了皇帝。他後來就害怕後面的子孫有樣學樣，李世民是最維護嫡長子繼承制的。

但是李世民倒楣，他大兒子不爭氣，就是那個李承乾。李承乾的名起得多好，承接乾坤，自然就是要當皇帝的。但是李承乾不讀書、不上進，還好色，甚至還嘗試一點同性戀，最後發展到什麼程度？就是居然要派兵把自己所有的兄弟給殺了，自己當皇帝。後來陰謀敗露，唐太宗李世民是實在沒有辦法，才把他廢為庶人。

這一點他做得內心極其痛苦，他不想讓自己的歷史重演，但是這種兄弟鬩於牆的事情居然就在他眼皮子底下發生，他最後只好作了一個妥協的選擇，選擇那個脾氣最好的李治當了皇帝，因為李世民知道他脾氣好，只要他將來當皇帝，兄弟姊妹們都能保留下來。但是他萬沒想到，後面還有一個武則天，這是唐太宗的故事。

朱棣也陷入了一樣的邏輯，雖然他在情感上有一個偏向，但是他的理智漸漸會讓他明白過來的，這就是我講的第一個大勢。

第二個大勢，就是我們前面講的那個朱高煦，他漸漸地失去了他父皇原來對他的喜愛，你想想看，這也是一個一定會發生的事。首先戰爭結束了，再也用不著你這麼個武將，雖然原來你救過老爹的命，但那已經是以前的事了，原來支持你的那些老將們漸漸也就凋零了，沒有人在老爹面前繼續說你的好話了。

而且朱高煦這個人脾氣、性格確實也有一點問題，漸漸地他那個小野心露出來了，要說也不怪他，因為老爹原來許過給他，說世子多疾，好好幹，將來我讓你當繼承人。這個心魔一旦種下去，那個小種子漸漸就要發芽。

剛開始，是選了朱高熾當太子了，朱棣說要不你也封個王吧，叫漢王，但是給你封在雲南。不去，雲南太偏僻，我要守在南京，南京花花世界好。也可以，不走就不走吧，你就在南京待著吧，於是就給了他一片宅子，這個宅子比太子的宅子還好。這個時候朱棣其實是想扶植他的。

這片宅子叫什麼？他不叫朱高煦嗎？就叫煦園，煦園是哪兒？就是今天南京的總統府。你現在到總統府去參觀，後面的那個花園還叫煦園，這就是朱高煦原來的宅子。

後來他又覺得我功勞這麼大，還是不夠威風，經常遇到人就說，我像不像那個唐太宗李世民？像不像秦王？這個話說的其實就跟要造反是差不多的，他其實已經露出了這個意思，就是你就是那個唐高祖李淵，現在那個朱高熾就是我大哥李建成，我功勞最大，我應該得江山。

而且這一點還有一個旁證，朱高煦曾經找他老爹朱棣申請過一支衛隊，這個衛隊的名字叫天策衛。這個名字太有講究了，什麼叫衛？這是明朝的一個基本軍事單位，一個衛大概六千五百人。

天策什麼意思？這個名字太有來頭了，這是當年唐高祖李淵封賞給李世民的一個稱號，因為李淵覺得李世民功勞太大了，又不能讓你當皇帝，那怎麼封賞你？這樣，為你量身定制一個稱號，叫天策上將，李世民的府邸就叫天策府，後來他發動玄武門事變，靠的就是這支基礎力量。

現在隔了幾百年，你朱高煦在南京城裡又擁有了這麼一支叫天策衛的部隊，六千五百人，實力是很嚇人的。就是說，玄武門事變的事，沒準在明朝就可能重演。

朱棣再喜歡你，以他的性格，沒準哪一天突然一個念頭就會動出來，要是你也搞一個玄武門事變可怎麼辦？我是誰？我不就是幾百年前的李淵了嗎？那我最好的下場也就是去當一個太上皇，沒準你還會宰了我。這個念頭如果一起，朱棣一定會防著他。

從後來這對父子關係的互動當中，你也可以分明地看到這一點，朱棣是防著他的。朱棣不是願意經常在外面跑嗎？跑的時候都把這個朱高煦帶在身邊，你哪也別去，你就跟著我吧。

永樂十一年，朱棣又有一次要到北京，就把這朱高煦也帶上了。到了北京之後，朱高煦就提出來，我要回南京，我要回南京。朱棣就跟他講，說現在天馬上就冷了，你等到明年開春再回去好不好？路上也不辛苦。

朱高煦就忍下來了，到第二年一開春，他馬上就又把這事提出來，真是一天都等不得。朱棣當然就不高興了，但是也沒表現出什麼，就說你把你兒子留下來，陪我那親愛的皇太孫朱瞻基一塊玩耍，好不好呀？朱高煦就不幹了，說我要帶我兒子回南京讀書，我不能讓他留下來。

朱棣馬上就跟他翻臉，說你以為我不知道你在想什麼嗎？你不就是要回南京跟你大哥搗亂嗎？我當年也是把兒子放在南京給皇帝當人質的，這個心思我是懂的呀，你以為我把你兒子留下來是要當人質嗎？你那個糊塗心思，滾吧。

朱高煦前頭一走，後面聖旨就到了，什麼漢王，在南京還有大宅子，還有衛隊，沒那個事了，滾到山東去。給他封到了山東的青州，你給我離南京遠點，離北京近點，我來看著你，什麼衛隊，全部都給我遣散，當然後來也給他配了一支很小型的衛隊。

當然，朱棣是什麼人？肯定派遣了大量的特務在衛隊當中看著他。過了不久，就有報告打到朱棣這兒了，說朱高煦在山東青州可不老實，跟當地的流氓混成一片，經常要擴充自己的隊伍，是不是要圖謀不軌？

朱棣哪聽得了這個？把他叫到南京來，一通臭罵，差點把他廢為庶人，說山東青州你也別待了，你給我滾到山東北邊一個叫樂安的地方，那個地方距離北京更近，我在眼皮子底下看著你吧。

到此為止，朱高煦和朱棣之間那種父子親情已經變得非常寡淡了，這時候朱棣防著他，比防著朱高熾還要嚴重。這是第二個趨勢。

第三個趨勢，就得看文官集團。因為人家朱高熾雖然是一個不得寵的太子，但他畢竟是正位中宮，那些文官集團受孔老夫子的教育，特別講究宗法制度這一套，時間越長，文官集團其實是漸漸地趨向於朱高熾的。後來朱高熾之所以能夠成功繼位當皇帝，跟文官集團的效忠是分不開的。

這就得要說到永樂二十二年，成祖是怎麼死的了，他最後一次北伐漠北，在回軍的路上，他突然得重病死了。那是七月，屍體馬上就要臭，文官集團這個時候就顯得特別重要。

後來著名的「三楊」之一的楊榮，此時就在朱棣身邊，秘不發喪，還把軍中的錫器給熔化了，打造了一頂棺材，然後把所有的工匠全部給殺掉，把朱棣的屍身就放在這個密閉的棺材當中，就是真空包裝，給運回北京。

楊榮一方面安排大部隊緩緩地向回走，因為這時候特別危險，你想大軍暴露在外，主帥又死了，旁邊還有蒙古部隊出沒，這時候千萬不能慌神。而楊榮是單人獨騎馳回北京，和此時監國的太子朱高熾商量該怎麼辦。

主要是三手，第一，派出部隊去迎接；第二，北京城戒嚴，嚴密布防；第三，在府庫當中提出銀兩犒賞士兵，以安軍心。很快朱高熾就在北京正式繼位，當了皇帝。

這個時候你再看看山東樂安的那個朱高煦，他本來就得不到訊息，這個時候再想有所動作，黃花菜都涼了。關鍵時刻文官集團的偏向，就決定了皇位的歸屬。

當然了，歷史也跟朱高煦開了一個玩笑，為什麼？因為朱高熾當皇帝就當了十個月，二十年辛苦熬出來的太子，就只有十個月的皇帝命。我們假設一下，如果朱棣身體好，再撐一年，等朱高熾一死，朱高煦不就是太子嗎？但是歷史偏偏就沒給他這個機會。

04 藩王造反後留下的毒瘤

朱高熾死了之後，就是他寶貝兒子朱瞻基明宣宗登基。這個歷史還挺有意思的，因為朱瞻基這個時候在南京，他得了這個消息之後，馬上回北京去奔喪。朱高煦這個時候終於得到了一生當中唯一的一次機會，就是沿途截殺，因為他在山東，真就幹了這麼一件事。

但是朱瞻基也是走運，或者說特別機警，他得到消息之後馬上就上路，在截殺隊伍到達地點之前，他已經過去了。那朱瞻基登位之後，還在經常發布文告這麼說，經常有人說我叔叔朱高煦要造反，哪有那個事？我們一家人關係好著呢，動不動還給朱高煦一些封賞。但朱高煦這口氣是實在忍不下來，終於造反了。

那造反的理由其實也沒有什麼過硬的，現在看那個文書，無非是說你哪座廟不該建，你哪次封賞不該給……等等，都是這些破理由。明宣宗朱瞻基一看這個理由就笑了，說這麼點事就要造反？你再看看他拼湊的那些人，都是當地的什麼流氓地痞，還有放出來的犯人，這個軍隊也能打仗？

他身邊還有一些謀臣在講，這個朱高煦是不是要打濟南？有的人說不對，他可能是要打南京。那明宣宗說胡扯，他哪也不會打，那兩個堅城他根本就打不下來，他手裡的那些人全部是山東樂安的本地人，一旦遇到困難，肯定就龜縮回去了，他肯定是坐以待斃。這樣，待我御駕親征。

這場御駕親征也真的是很搞笑，朱瞻基就帶領部隊去了，就有一些人從朱高煦那兒逃過來了，投降了。朱瞻基就說，你們這樣改了就挺好，大大地封賞，你們還回去，跟你們的那些朋友講，不要再作亂，投降挺好。漸漸地，朱高煦那邊的部隊就跑得差不多了。

最後朱瞻基就給他寫封信，說你就投降吧，投降後我待你還和原來一樣，你只要把慫恿你造反的那個人交出來，就沒事了。朱高煦一想還有這好事，那就沒事了，居然一槍沒打，一陣未過，就投降了。

後面的故事就更狗血了，明宣宗並沒有殺朱高煦，而是把他帶回了北京，給他造了一座監牢，還取了一個好名字，叫逍遙宮，你後半輩子就在這裡逍遙吧，不要再去造反了。

有一次明宣宗去看他，朱高煦一看，仇人見面，分外眼紅，你還敢來看我，上去就是一個掃堂腿，把明宣宗給絆了一跤。你想皇帝這不氣死？正好看見旁邊有一口大鼎，兩、三百斤重，就命令自己的衛士，把他給我扣裡頭，我讓你再出來造反。

但是朱高煦力氣大，居然就把這個鼎舉起來了，要砸明宣宗。明宣宗說給我按住，鼎下面放木炭，給點著了，我要把你活活烤死。後來朱高煦就落到了這麼一個下場。

說到這兒我們要說什麼？其實，整個唐代之後，這種藩王造反的現象，在明代是最為嚴重的，始作俑者是誰？就是明成祖朱棣。因為你的子孫都知道，一旦皇帝不行，我這裡稍有實力，就有樣學樣，學學你，沒準就能成功當皇帝。

一直到明代的中後期，明武宗的時候還有兩起，一個是甘肅的安化王朱寘鐇造反，另外就是江西的甯王朱宸濠造反。這兩起事件其實幾乎是靖難之役的翻版，只不過沒有成功。

看到這你可能會說，明成祖也沒造什麼大孽，這不是沒成功嗎？明成祖造成的第一個後果，是藩王造反；但是另外一個後果，你做夢都沒想到。

明成祖朱棣通過靖難之役造反當上了皇帝，但是這件事情成功概率好低，在整個明朝，只有他一個人成功了。其實放眼整個中國歷史，只要是稍微有點壽命的朝代，這樣的成功也是僅此一例，這樣的成功不能複製。

你可能會說，有什麼了不起？當個故事聽一聽而已，本來就是一個孤例。但是你有沒有想到，正是因為在明朝發生了這麼一件事情，最後就在它的機體上演化出了一個巨大的毒瘤，而且根本無法割除。從某種意義上講，最後明朝就是死在這件事情上面。

簡單推演一下這個邏輯你會發現，最開始朱元璋算盤打得是挺好的，我是造反起家的，我誰都不信，什麼太監、外戚、權臣，都給我閃一邊，我姓朱的就信我姓朱的子孫，所謂血濃於水。他就想著，我能不能通過道德教育，頒發一些祖訓，搞一些管理制度，來確立一個藩王制度，我把我的子孫後代分封在各地，尤其是防範北邊蒙古的邊患。他在北邊一溜排開了九個王，然後通過一些制度，讓他們來拱衛中央，這樣我老朱家的天下不就萬世不替了嗎？

這個打算也挺好，但是為這個打算你要付出點什麼？第一，當然是制度上的保證，就是每一個明代藩王，在明初的時候，具有極大的權力，他的封地裡面雖然也有一些地方官，這個地方官好像也是對接到那個文官的官僚系統裡面的，但是對不起，大事小情都必須彙報給這個藩王，藩王可謂是上馬管軍，下馬管民。

他甚至在他的封地裡面還握有一些司法的特權，只要他覺得這個案子該我審該我判，就拿過來了。而地方官對於一些親王和藩王犯法的事情，你是不能管的，你頂多向中央彙報，中央再通過什麼皇親會議、宗人府，才能去捉拿那個犯法的藩王。

藩王剛開始在地方上的權力極大，威望也極高，所有的文武官員，只要你走到親王的門口，對不起，文官下轎，武將下馬，而且如果見了面，你口稱的是一個臣字，我是你的臣子。這是一方面，是制度。

另外一方面就是得給錢，所有的藩王，如果是親王的話，他的年俸是多少？十萬石。什麼概念？就是文官系統最高級的文官大概只有這個年俸的七分之一，這個很欺負人。如果藩王生了孩子怎麼辦？你放心，只要這個孩子長到十歲，國家就開始給他發俸祿，一個十歲的小孩就開始拿工資，而且這一輩子所有的婚喪嫁娶，買房子、買車都是國家給錢。

你琢磨朱元璋這個人，他的心態很有意思，一方面對所有的外人都是極盡殘酷苛刻之能事；但是對自己的子孫？他畢竟小時候是窮出身，後來打下這麼一大份家業，就是一個鄉下老頭，看著自己的滿堂子孫，是一種掩飾不住流露出來的慈愛之心。明朝歷史上有這麼一句話：本朝親親之恩，無所不用，遠超前朝矣。

什麼叫親親之恩？就是對待親人，要有個親人的樣子，該給得給，得捨得，這叫親親之恩。可是朱元璋萬萬沒有想到，他死了之後搞了這麼一齣戲，他的四兒子燕王造反了，而且成功當上了皇帝。

朱棣當皇帝之後，當然臉一抹又開始翻臉，因為他自己幹成了這個事，他就又開始學建文帝，削藩。能找藉口廢為庶人的就給廢掉，能殺的殺掉，剩下來的玩命打壓。他這二十多年基本上是這麼過，就是明代的藩王政治已經開始出現了逆轉。

可是他死了之後，又出現了朱高煦的叛亂，後面的皇帝全都嚇傻了，原來叔叔是個怪叔叔，一定是要搞我的。明代皇帝防範叔叔，後來就成為他們的一道政治使命。

05

淪落到囚籠生活

明代藩王的地位當然就開始出現大逆轉了，原來是人上人，後面他的地位簡直就是階下囚。明代的藩王如果你長到一定的歲數，對不起，一定要就封國，你必須要去到你那個地方。

一旦去了之後，對不起，你就再也不能出來了。首先，如果要進京，就必須要報告，國家、朝廷要認可你才能進京。而且還有一條，二王不得相見，說我們都是兄弟，一個封在河南，一個封在山東，好近的，我們兄弟倆見一面，不行，二王永遠不許相見。

而且，你當上這個王，他一般都在城市裡面當這個王，如果你出城，比如說掃個墓，給你爹上炷香，這種事一定要報給地方官，如果不得地方官的許可，你連出城給你爹磕個頭都不允許。你說春天來了，我要搞個春遊，對不起，必須上報，如果地方官沒看住他跑出去玩了怎麼辦？地方官要承擔連帶責任，後果很嚴重的。

如果是年少的藩王，還在北京，就堅決不允許你出北京城，你說我既不住北京，我也不住城裡，我住鄉下好了吧？可以，但是有一個條件，就是你十天之內必須有三次要到最近的府城，到地方官那兒去畫卯，說我人在，我沒走遠，我沒幹什麼壞事，這才行。

這不就是犯人嗎？原來地方官在他們面前是唯唯諾諾，現在地方官就是他們的牢頭禁子，是看他們的。

還有一些規定，就更是匪夷所思。比如說，王府裡面可能會用一些文人，陪自己下下象棋，當當清客、幫閒什麼的，可以用文人，但是必須只能用落第的秀才和落職的知縣。說白了，在知識分子這個群體當中，只能給你用一些Loser，稍微精英一點的人你都不能用。

還有一些規定就更有意思了，藩王不允許喝酒，除了自己生日那天，不允許喝酒。你說這是為了什麼？喝酒又不礙事。後一條規定，你就知道它什麼原因了，不准給人賞賜銀兩，如果要給下人賞賜銀兩，你必須到地方官那兒去備案，你才能賞，而且這個案子一直要報到皇帝那兒。

這兩個約束條件放在一起，就是任何你有可能培植私人感情、私人勢力的事，都不能讓你幹。明朝後來的皇帝防範他的叔叔、兄弟、堂兄弟、堂叔叔，居然到了這樣一個地步。

藩王們沒事幹，只好去生孩子。那個制度就在激勵你生孩子，因為國家給俸祿，而且什麼都不讓你幹，因為你幹任何職業都可能脫出這一套管束系統，只好花錢把你養起來。

國家花錢怎麼花？它肯定是按人頭花，這個級別的一個月給多少錢。那我做為一個藩王，我算得過帳，一定是越生孩子賺得越多，那生兒子就變成了他的職業，甚至變成了一個產業。

你琢磨這個道理，因為你每生一個兒子，按照級別，國家發一份錢，生兩個，國家發兩份錢。可是養兩個孩子的成本可不是一個孩子的一倍，越多生，那個邊際效應就越高，這個帳哪個藩王都算得過來，他們又有錢，身體又好，又有閒，什麼事沒有，孩子就越生越多。

多到什麼程度？這裡舉一個例子。在明代中期，就是明孝宗弘治年間，弘治五年的時候，山西的地方官把喜訊報到中央，說我們老朱家真能生。有一個住在山西的慶成王，居然生了九十六個孩子，有一百六十三個孫子和五百一十個曾孫子，整個慶成王府如果加上老婆、小老婆、兒子、兒媳婦、孫子、孫媳婦，一千口人，那底下的下人真是沒法叫，一千個小主，你說這怎麼伺候得過來？

當然這個慶成王還不是最厲害的，後來還有一個慶成王，是他的子孫，更厲害，兒子就生了一百多個。整個慶成王府如果要搞什麼典禮，說兒子都來給爹磕個頭吧，那排隊磕頭都磕好半天，而且兄弟之間很多互不認識。

到明武宗正德年間的時候，慶成王就徹底糊塗了，這一大家子我哪裡認得出來？而且這幫小王八蛋還經常冒領錢糧，比如虛報歲數什麼的，乾脆申請國家派人來給我數數，我這個府裡到底有多少人？藩王們就這麼能生。

據晚明的徐光啟統計，明代的藩王數量，每隔三十年就翻一番。有一些數學常識的人都知道，每隔三十年就翻一番，這兩百多年是一個什麼樣的數量？

可想而知的第一個後果，就是給國家背上了沉重的財政負擔。後來的皇帝也想解決這個問題，他也不想養活這麼多人，但是沒有好的辦法，只有兩招。第一招，就是隨便找一個藉口，把你廢為庶人，這總算給國家財政減下那麼一點點擔子。

那第二招，就是默認這些王府在民間去兼併土地。到明末的時候，變成了遍地皇莊，到處豐腴的土地都讓這些王府給占據了，民間的老百姓貧無立錐之地。明末農民戰爭就是因為陝北的一次災荒，所謂小冰期，然後就席捲全國，全國糜爛，就是因為老百姓太慘了，土地都讓皇帝家人占去了，這是一個後果。

第二個後果就更慘了，明末農民戰爭的時候，像李自成、張獻忠這些人，如果打下一個城市，目標是誰？當然去搶王府了，王府到處都有，裡面肯定有錢，而且裡面的人像豬一樣，他們不讀書，也不上進，從來沒出過城，給他地圖他都不知道跑，這樣的人太好抓了。每攻下一個城池，老朱家的子孫就會慘遭屠戮。

到最後清軍入關，再對這些老朱家的子孫再一次屠戮，可以說朱元璋一開始算定的兩件事情全部泡湯。第一，靠藩王拱衛中央，最後變成了中央無所不用其極地防範這些藩王。第二，他想對子孫好，但是最後把所有的子孫一百多萬人全部養成了一窩豬，被全部拉到了屠宰場，這就是明成祖朱棣搞靖難之役，在理論上給大家推演的邏輯結果。

所有這一切的最初根源就是明成祖朱棣造了一次反，當了一次皇帝，得到了一次本不應該得到的成功。於是兵分兩路，首先一朵惡之花在他自己內心裡綻放，最後把他自己變成了一隻野獸。

第二，這朵惡之花也在國家制度層面綻放，有一個惡的制度，你就必須發明一個更惡的制度來解前面的毒。而一旦一味藥解了毒之後，它本身變成了毒，那就再也無藥可解了。

權力是一種臨時性的平衡態，
權力是君臣之間、
上下級之間達成的一種共識。

第 9 章

崇禎
起早貪黑辛辛苦苦
走上破家亡國的不歸之路

有時候中國人讀歷史，老喜歡講一句話，叫說時遲那時快。
而實際情況是什麼？是說時快，那時遲。

引言

一六四四年四月二十二日晚上，紫禁城已經在一片黑暗之中，皇城宮門已經下鑰。半夜，一名中年男人開始圍著紫禁城跑圈，他披頭散髮，一邊跑，時而還停下來捶胸頓足，呼天搶地。

這個人是誰？就是大明王朝的最後一任皇帝崇禎。當天晚上鬧騰了一夜，第二天早上，他仍然堅持了自己十七年來一直堅持的一個好習慣，準時上朝，和閣臣們見見面。但是見面已經沒有用了，因為這個時候，李自成的大軍已經把北京城包圍得嚴嚴實實了，跑不掉了。君臣相對，唯有落淚而已。

據野史記載，這一天早朝，崇禎皇帝還做了一個提議，說先生們，我們要不要去奉先殿完事？奉先殿是什麼地方？就是宮內祭祀列祖列宗的地方，相當於太廟。什麼叫完事？就是一起去死。先生們，我們一起去死好不好？結果閣臣們面面相覷，沒有一個人搭腔。

看到這一點，你也基本上知道了，大明王朝已經油盡燈枯、樹倒猢猻散。四月二十四日傍晚，崇禎皇帝擺了一桌家宴，把自己的妻兒老小都叫來喝酒、吃菜。吃完之後，掏出寶劍說，事已至此，我們都沒有活著的顏面了。

這個時候你再看崇禎皇帝旁邊坐著的周皇后，這是中國歷史上著名的賢慧皇后，他們夫妻感情也非常之好。周皇后這個時候就說了一番話，我們先擱下，總而言之，不會是什麼「妾身實在做不到，妾身這個正當年華不願意死」這種話。人家周皇后說完這番話之後，非常從容地一轉身，回到後宮就自縊身亡。

留下來的崇禎，派人把自己的三個兒子易容化裝送出城，然後面對自己的一雙女兒，他掏出寶劍殺掉了一個，砍斷了另外一個的手臂，這就是當天晚上發生的事。

再轉過天，四月二十五日，北京城已破，據說崇禎皇帝當天還在皇宮裡面奔跑了一圈，等著看是不是有大臣上朝，陪他最後一段，但是沒有等來任何一個大臣。絕望的崇禎在自己的貼身太監王承恩的扶掖之下，顫巍巍走到了故宮後面的煤山，也就是現在的景山，在山上的歪脖樹下自縊身亡。

這是大多數中國人都知道的一個故事，它永遠地定格在中國歷史上。一六四四年，甲申年這一次事變，我估計如果一百年後還有電視劇的話，這段故事會被反覆編劇、反覆重寫，反覆搬演上螢光幕，因為它太悲壯，又太具有戲劇性了，太能調動每一個中國人的內心情感了。

01 皇帝為什麼不肯南逃保命？

這個故事大家都熟悉，我們回到剛才撂下的周皇后的那句話上。周皇后臨死前說，夫君，你就是不聽我的勸，你別忘了，我們南京還有一個家，我們應該早早地南遷。說完這番話後，周皇后就自縊身亡。但是這句話引發的問題卻是我個人認為中國歷史上最有趣的一個謎題，就是崇禎皇帝為什麼不跑？

對於任何一個生物來說，風險來臨，跑是正常反應，也沒什麼丟臉的。中國歷朝歷代的皇帝遇到這種情況，只要還有可能，不都是跑嗎，西晉不行了，南遷永嘉南渡建東晉；安祿山打來了，唐玄宗帶著楊玉環就跑，楊玉環耽誤了跑，那殺掉接著跑；後唐唐僖宗都跑過。北宋滅亡了，康王趙構也跑，到南邊建南宋，這是正常的。

尤其是宋朝那個宋徽宗，你別以為宋徽宗是老老實實被困在東京汴梁的，沒有，人家在一一二五年的時候，金軍南下，第一反應就是跑，把兒子叫來，你來當皇帝吧，欽宗，你來做，我到鎮江去進香，到佛祖面前去為國家祈福，就跑了。後來是因為金軍退出了，他覺得沒事兒了，又怕大權旁落，這才二次回到東京汴梁。金國人殺了一個回馬槍，才把老爺子給控制在東京。不是不跑，所有的皇帝都有這個本能。

而且跑的時候，你會發現歷朝歷代的皇帝腿腳都挺快，南宋趙構是從揚州到南京、到杭州、到溫州，最後搜山檢海捉趙構，一直跑到海上去了。包括南明朝那個後來的永曆帝，不是直接跑進了緬甸嗎？崇禎皇帝為什麼不跑？

當然事後來複判的話，做為歷史我們不容假設，但是我們如果假設他跑了，實際上當時對明朝來說還是相對有利的。為什麼這麼說？我們分析三個簡單的條件：第一，北方當時是連年大旱、大災，兵連禍結，北方已經糜爛了。那你跑到南方之後，把一片爛攤子丟給李自成。後來證明李自成實際上沒有行政統治能力，他一幫農民軍，沒有長期的行政習慣和傳統；加上北方還有一個虎視眈眈的清朝，後金在那兒盯著他。把所有這些爛攤子和問題扔給李自成，沒準兒李自成真的就像後來那樣，一會兒就兵敗如山倒，那你崇禎皇帝再帶著自己的幾百年皇權正統殺回去，還有東山再起的可能。

第二，就是如果你跑，那麼在南方建立南明，跟北方，不管是李自成的政權還是清朝，我們劃疆而治。這裡存在一個合法性問題，因為你是崇禎，你是皇帝，是天然具有合法性的。無論是東晉的司馬睿，還是南宋的趙構，其實在剛剛登基的時候，都面對著巨大的一個統治合法性的問題。因為徽欽二帝北狩，被金國人抓走，沒有正式讓位給你趙構。趙構一朝，南宋高宗一朝，始終面對著一個是不是要迎二聖還朝？你這個皇位坐得是不是合法？始終面對這個問題，秦檜的故事、岳飛的故事，都是糾結在這個問題上。

可是崇禎沒有這個問題，無論你跑哪裡你就是正根的皇帝。後來南明出現什麼福王系、唐王系，包括左良玉的叛亂等等，都是在爭奪這個合法性，導致南明沒有辦法擰成一股繩，形成一個完整的軍事力量來抗清，這就是後來的問題。崇禎皇帝不南遷，也直接導致後來南明的覆亡。

更重要的一條，是明朝有一個天然的優越之處，就是在明成祖朱棣的時候，當時遷都到北京，南京是留下一整套完善的行政系統的。北方有一個尚書，南方就有一個，明朝始終是雙首都制。崇禎皇帝如果南遷到南京，他是有一套現成的，馬上就可以啟動的行政班子可以接受管理。這比當時南宋的高宗趙構面對的情形要好得太多太多了。但是他沒有做，沒有跑。為什麼？

那讓我們回溯到歷史。有時候中國人讀歷史，老喜歡講一句話，叫說時遲那時快。而實際情況是什麼？是說時快，那時遲。

大家說明朝，有一句話叫「傳庭死，明朝亡」。傳庭是誰？孫傳庭。孫傳庭在潼關戰死，跟李自成衝入敵陣戰死了。一六四三年的冬天，李自成大軍正式揮兵東進，一六四三年的十二月三十日，距離崇禎皇帝死的四月二十五日將近五個月，完全來得及跑，為什麼不跑？

其實在一六四四年的二月，大概是二月二十日，其中有一個大臣，這個人姓李，叫李明睿，他就提出了整套的方案，說老爺子，不行了，我們跑吧。

崇禎皇帝他不知道嗎？他也知道，說是該跑，但是他跟李明睿講了一句話，說這個事要保密，事不可洩，洩我則殺你之頭。隨後李明睿就根據主子的意思提出了一整套方案。

比如讓皇帝掏私房錢，即內帑，募一些兵，來保護自己南逃。崇禎皇帝剛開始聽著這個方案，覺得有道理，但要自己掏錢，發內帑？就猶豫了。崇禎皇帝認為這錢要出得戶部出。李明睿說，那要戶部出，這事就變成國家財政的事，就必須提交到朝堂上，讓閣臣們來共同商討了。

於是第二天，一六四四年的二月二十一日，這件事就提到了閣臣會議上。馬上就有人提出來反對，不行，你不能走，君死社稷，謂之大義。你會說，這個朝臣也是混蛋，你這個時候擋著這個事幹嗎？你要務實，要實事求是。但是如果你站在當時士大夫的心態上，你是可以理解這個建議的。

因為第一，確實沒到最後一刻，最後一支力量還沒有押上去。這支力量就是我們後來都知道的吳三桂，關寧鐵騎還在那個地方，山海關還在那裡擋著後金。應該把他調回來，如果這支部隊再淪陷了，才到了最後一刻。就是說還有指望。

第二，要知道北京城在崇禎年間，已經是一面破鼓萬人捶，已經被圍城過五回了。當然圍城的都是後金的隊伍，少數民族，往往是搶點東西就跑了。北京城戒嚴這件事對於崇禎君臣來說，不是什麼新鮮事。這一回有那麼嚴重嗎？

第三個原因就更重要，要知道中國人的思維方式裡面有一個東西，就是歷史和祖先，中國人的思維方式是歷史性的。我們今天的人可能不知道，但是當時上上下下腦子裡都知道一件事，這件事像一根刺一樣扎在每個人的腦子裡。

這件事發生在一百多年前，土木堡之變時，明英宗那會兒。英宗因為北狩在土木堡的時候，讓北元給抓了，這邊扶了一個景泰帝，剛開始是監國，後來當了皇帝。怎麼辦？北京城又被蒙古人給圍了。這個時候就有大臣出來說南遷，這個人是徐有貞。徐有貞說了跟剛才周皇后一樣的話，我們南方還有一個家，一整套班子，我們去那兒吧。

這個時候朝臣蹦出來一個人說我反對，這個人是于謙，很多人讀過他寫的詩，千錘萬鑿出深山。于謙說不能走。不能走怎麼辦？于謙說我來，我來。于謙真的挺厲害，就主持了北京城的保衛戰，然後就成功了，北元的隊伍退走了。

事實證明，最後一刻堅守還是有道理的，保住了一片錦繡江山。這個時候策劃南遷的徐有貞反而成了一種奸臣，至少是失敗的言論。徐有貞後來被證明真的就是個奸臣。因為後來明英宗被放回來之後，在南苑當他的太上皇，然後徐有貞就策劃了奪門之變，讓明英宗復位，把景泰帝這一支就給幹掉了。雖然明朝的君臣表面上不說徐有貞是奸臣，因為畢竟英宗是他們的祖先；但是徐有貞的奸臣形象，和他作這樣一次錯誤的政策建議連在了一起。

一百多年後，討論這件事情的崇禎君臣都瞬間想起了這件事情，不能跑，跑就是奸臣，就是投降派。雖然是務實，務實派有時候就是投降派，這個時候誰反對跑，反而是忠臣，是再世的于謙。

02

起早貪黑辛辛苦苦走上破家亡國的不歸之路

這個時候我們再想想，如果崇禎皇帝堅持，有人說就走，這樣不行嗎？崇禎皇帝這件事即使心裡千肯萬肯，但是你得有人反覆懇切陳詞，以頭碰地，頭碰得要出血了，最後我實在沒辦法，這幫大臣又要拖著我去幹這種丟人的事，對不起列祖列宗，這才好南下。沒人這麼幹，就把皇帝晾這兒了，他走得了嗎？他走不了。

話說這一天過去沒多久，因為前方的敗報不斷地傳來，又有人開始提，說皇上您不走也就算了，要不這樣吧，我們把太子給送走吧。太子到南方，到南京。您這裡實在不行了，太子還在，因為他有正當合法性，他能夠再建朝廷，我們還能留得青山在。崇禎皇帝其實這時候心裡就不高興了，什麼意思？讓我兒子去，我在這裡等死？他心裡雖不高興，但是他理智上又知道，這確實是一個解決方案，這個問題又在朝堂上提出來了。

這時候又蹦出來一個人，叫光時亨，這個大臣說不行，不能走。為什麼不能走？不能效唐朝在靈武發生的故事。唐朝就是這樣，唐玄宗跑了，他的兒子，就是後來的唐肅宗，他不是也在靈武稱帝嗎？後來唐玄宗就當了太上皇，晚年淒淒慘慘，天天想著楊玉環，說怎麼能這樣，我們的國家是以孝治天下，怎麼能讓太子這樣做，如果他當了皇上，他就背上不孝的罵名，這個事不行。

崇禎這個氣，本來這事他本身就不願意，罵這個提議的大臣。然後他又明知道這是一個解決方案，又有光時亨出來阻止，他又恨這個光時亨。最後據說，那一天他在朝堂上把桌子都給踢了，不歡而散，這件事就又擱下了。

李自成一路往東打，當然他不是順著潼關，從河南這條路打到北京；他是從北邊，是從大同那邊，從昌平這一帶打進北京的。最後一個派出去抵擋的大臣叫李建泰，李建泰在兵敗的時候，當時就寫了一封遺書，也算戰報吧，寫了一封遺書給崇禎皇帝，意思就是說我死了，你就走吧，真的不要再待了。但是即使是這樣最後一次機會，朝堂上也因為各種各樣的討論沒有下文。

問題又來了，為什麼沒有人提議？我們再看宋徽宗，宋徽宗當年去鎮江進香的時候，身邊帶的人多了，蔡京的兒子蔡攸，還有那個童貫，都陪著他跑。哪一朝，你總得出幾個奸臣吧，哪怕跑的人不是什麼好人，奸臣總是有的吧。這時候只要出來一個人喊一嗓子，給皇上一個台階下，皇上這個台階就下了。

為什麼沒有這個人出來？這又成了一個懸案。而且這個懸案引起我們更大的疑慮是，崇禎皇帝到最後幾天，嘴裡面基本上就講一句話——「文臣誤我」。本文剛開篇的時候講，四月二十三日早朝的時候，崇禎建議跟先生們去奉先殿完事，據說當天早朝，他拿手指蘸著茶水在龍書案上寫了幾個字，文臣個個可殺。而且他在煤山上吊的時候，也留了一句話，說大臣誤我，致失天下。他在臨死那幾天留下的最重要的一句話就是：朕非亡國之君，諸臣皆亡國之臣。

好奇怪，一個亡國之君通常在臨死的那一刻，他恨的應該是對手，就是弄垮他這個國家的對手，他應該恨李自成，恨皇太極才對。他恨自己手下這幫人，而手下這幫人直到最後一刻，也沒有任何一個人蹦出來給他台階下。那問題就來了，崇禎和他的臣子之間到底發生了些什麼？

中國歷史有一個現象，就是所有的亡國之君都沒有什麼好名聲，因為歷史不是你寫的，是你對頭寫的，你的對頭說你好話幹什麼？但崇禎幾乎是唯一的例外，他自己不是說嗎？君非亡國之君，諸臣皆亡國之臣。後世就接受了這套說法，崇禎是個好皇帝、好長官。他謚號叫思宗烈皇，思是懷念的意思，烈皇是殉國的意思，多麼高大的形象。

他自己上位的時候確實也是這樣，大家想一想，一個十七歲的少年登基之後，迅速地斥退了魏忠賢這樣的小人，扶持了東林黨一幫正人君子，按照當時儒家的倫理，這就是一個好皇上最開始的生花妙筆。緊接著，他幾乎符合儒家對一個好皇上的所有描述。首先非常節儉，他的皇后終年穿的是布衣服。

有一次他參加日講，文臣們給他講儒家經典，袖口破了點，他自己有點不好意思，往裡掖了掖。那日講官非常精明，馬上趴在地上三呼萬歲，說皇上，您不必不好意思，您看，您這袖口破了，雖然衣服破了不太體面，但這是您有儉德呀，這是儒家非常提倡的德行。崇禎一聽對呀，我有這麼好的品德，這樣，咱們加碼吧，把那個江南的織造給撤了，什麼織造，給我一個人做衣服，困我一方百姓，不幹了。他是這樣一個人。

而且他非常勤勉，勤勉到什麼程度？在整個大明王朝裡，除了朱元璋，可能只有他一個人，每天工作八個時辰以上，就是這麼一個人，可能一直到清代才能看到這樣勤勉的好皇帝。儒家理想中這麼優秀的一個皇帝，你想他自己是什麼心態？據說有大臣拍他馬屁，說您是中興之主，好比漢文帝。他就不高興，漢文帝是二流皇帝，不是貶低我嗎？

大臣一看拍他馬屁不高興，說可比唐宗宋祖，稍遜風騷那兩位。他還是不高興，他說了一句狂話，如果說掃平群雄，我不如唐太宗；但是唐太宗什麼閨門不肅，家裡他跟兄弟鬧成那樣，把我跟他並列，我還不高興。他說這個話，把他比唐太宗，看不上。這就是他自己對自己的評價。

當然後世對他的評價也是這樣，清代皇帝，出於各種政治動機，經常還哭一哭，拜一拜他，還給他建個碑，等等，說的都是他的好話。有野史這麼寫的，崇禎把自己的太子送出北京城，後來又被抓到了，送到李自成面前。李自成問他，你父親呢？回答說死了。李自成說如果你父親在，我必尊養之，把他尊起來，養起來，我不會殺他的，你放心。朱家太子說，那你殺不殺我？李自成說，我不殺你，你又沒犯錯，我枉死你幹什麼？

李自成認為文官不是好東西，貪官汙吏不是好東西，皇上是好皇上，因為他勤政愛民，這些話相信在民間也是大肆傳揚。就連冤家對頭李自成都這麼想，那可不就是一個好皇帝嗎？

但是，我們如果在這顆雞蛋裡，給它挑一挑骨頭，會發現崇禎皇帝有一個重大的問題，就是他跟臣子的關係不好。這也是明代的傳統，但是有區別。朱元璋是跟開國功臣關係不好，卿不死孤不安，江山不能安全。朱元璋對底層的貪官汙吏不好。嘉靖皇帝也是有名的跟大臣關係不好，但主要跟言官，也是跟底層官員。萬曆皇帝就幹得更絕了，你們都不是東西，我躲起來不見你們不上朝。

03 中層領導管理陷阱

可是崇禎皇帝跟中層幹部關係不好，這個在明代歷史上，甚至可以說整個中國歷史上，也是一個孤例。為什麼？這就要提到苗棣老師的一本書《大明亡國史——崇禎皇帝傳》。

在這本書的封面上有一行小字，特別有意思，「一位不耳聲色，不近聲色，勵精圖治的年輕君主，是如何起早貪黑、辛辛苦苦，走上破家亡國的不歸之路的」。

可以說明朝就是讓這位爺給折騰散的。因為他當政十七年，有大量的機會可以補救，大量的機會可以挽狂瀾於既倒，但是他沒有做到。實際上根據苗老師的分析，崇禎皇帝的整個大明亡國的悲劇，就是他個人的性格悲劇。

他為什麼會跟他的朝臣鬧到那個樣子，以至於在他最危急的時候給他鋪一段下坡台階的奸臣都沒有？我們來看看他怎麼對待大臣的。首先，刻薄寡恩，就是幹活行，幹活之後給點好處，這不行。

孫傳庭是晚明時期了不得的一個文臣，也是一個武將，非常厲害。當年他跟洪承疇兩個人滅李自成，滅張獻忠，抓住高迎祥。李自成當時已經被他打得不行了，是後來才東山再起的。這是一個非常能幹的人。

後來崇禎皇帝就懷疑他裝病，讓你幹什麼活你裝病，裝病就抓起來，甚至一度要殺他。最後看實在不行了，想想也沒什麼人能打仗了，就又起用了孫傳庭。孫傳庭這個時候剛從牢裡出來，也不瞭解前線的情況，因為他當年已經把李自成基本上給滅了，小火苗已經撲閃撲閃快滅了，他就跟崇禎皇帝吹牛，給我五千精兵，我滅了他。

崇禎皇帝說好吧，有這好事，五千精兵，給你，去吧。孫傳庭到前線一看，我的個老天，僅僅幾年時光，李自成那個隊伍已經壯大到山呼海嘯的聲勢。說不行，馬上給朝廷打報告，說這五千精兵搞不定。

我們就拿一個企業的領導人來說，你的中層幹部給你報了一個預算，然後根據實際情況說這不行，我們提高點預算。你這個時候應該實事求是，你猜人家崇禎皇帝說一句什麼？崇禎說，你不是自己說五千就夠嗎？不給，就拿五千打。江山是你的呀，對，就生逼著孫傳庭用這五千兵，基本上是新招募的新兵。結果孫傳庭在潼關一戰身死，最後非常壯烈。

當時在戰場上孫傳庭一看，反正回朝廷，這麼一位主肯定也是弄死我，與其在天牢裡很不體面地讓人弄死，還不如我自己死得了，五十一歲的孫傳庭自己衝入敵陣而死。這應該算是可歌可泣了吧？這崇禎皇帝也真是可氣。他說孫傳庭不會是跑了吧？自己脫盔解甲潛逃了吧？所有按照陣亡將軍的恤典都不給，蔭子、封贈，不給。大臣死了之後，不給任何好處。

崇禎皇帝還有第二個毛病，就是溜肩膀，他做為最高統治者、最高負責人，不擔責任，所有的責任都是下面的。什麼叫負責人？責任你得擔啊。《大話西遊》裡面，唐僧為什麼是好領導？他就是這樣的，背黑鍋我來。

崇禎可不是這麼個人，他怎麼殺的兵部尚書陳新甲，陳新甲跟他密謀，說我們跟後金談判，不跟遼東打了，行不行？主要敵人是李自成，崇禎說你去，你去談判。

後來談判好不容易談成了，結果陳新甲一個失誤，把消息給洩漏了。舉朝大譁，說怎麼能投降，怎麼能談判？結果崇禎皇帝就窩了一口氣，最後找了一個藉口，把陳新甲給殺了。兵部尚書，而且當時是明代朝廷裡面為數不多的，號稱知兵的兵部尚書。

還有一個兵部尚書更倒楣，這人叫王洽。王洽長得帥，我們經常看到網上有句話，說長得帥也有錯？長得帥是沒錯，可是看崇禎皇帝是怎麼對待這位長得帥的？崇禎皇帝非常高興，在朝堂上誇這個臣子，說多棒這哥兒們，多像門神，多魁梧。

後來有一天，兵部尚書出缺，崇禎皇帝說，那哥兒們不是長得像門神嗎？長得像門神就該把門，我們讓他來當兵部尚書。這哥兒們從來沒讀過兵書戰策，一下子就從一個工部侍郎當了兵部尚書。事實上史家後來研究，這哥兒們在後來打仗過程中，雖然不懂，但是很勤勉，至少沒有犯過什麼錯。但是有一次大敗之後，崇禎皇帝就說，得殺個人吧，不殺個人，這幫傢伙不好好幹活，殺誰？一看，就是他，門神，門神沒當好門神，讓別人破關而入，皇太極又禍害他一回，那就殺他吧。就把沒有任何錯誤的王洽，給滅口了。這就叫溜肩膀，所有的責任都是臣下的，跟我當皇上的沒關係，有錯我就宰你們。

而且崇禎皇帝還有一個性格上的重大缺陷，就是有的時候非常感性。比如說他一生當中下過多次罪己詔，打仗不行，下詔罪己，很委屈，很誠懇的樣子，向天下人承認錯誤。可是承認錯誤之後，他就憋了一口氣，窩了一股火。後來史學家就發現，他每下一次罪己詔之後，一定要找碴兒殺一個人。

當時，有一次也是皇太極破關而入，把北京城一圍一搶就走了。崇禎皇帝憋了一口氣，下罪己詔，然後就盯上了一個哥兒們，這個人叫吳昌時。崇禎皇帝非說他勾結宦官，把持朝政。怎麼把持朝政？把持朝政的不是您崇禎皇帝嗎？非說這個。人家就不承認，人家是復社的，有幾根硬骨頭的，就不承認。既然不承認，就當著所有閣老的面、內閣大學士的面，拿夾棍當場把這哥兒們的腿給夾斷了，嚇得朝臣魂飛魄散。明朝皇帝不講理的多得是，當著朝臣打屁股的，打得血肉橫飛，打死的都有。但當著大臣的面，把另外一個大臣的腿給夾斷了，可能在明代也就這麼一回。

其中最有趣的，說他有點感情用事，就是周延儒的事。周延儒是他任用的一個重要的大學士，甚至是首輔大學士。在明代，被殺的大學士一共就四個，崇禎他老人家殺了兩個，其中有一個就是周延儒。為什麼說他是感情用事？就是他最恨的不是說你犯了大錯，他最恨的是被欺騙。

周延儒就幹過這麼一回，有一次清兵又破關南下，在北京城禍害一道，快走了。周延儒也是奸臣，一看對方快撤了，說這是立功的好機會，然後趕緊跟崇禎皇帝說，我出去揍他們。崇禎皇帝說好，大學士點兵，古今一段佳話也，你點兵出去吧。

周延儒哪會打仗？但是他心裡想，你清兵要撤了，我就跟在後頭追、攆，然後占點便宜，在京畿一帶轉了一圈，也殺了一些普通老百姓，拿人頭，說這就是清兵，回來報功。崇禎皇帝很高興，賜了很多爵位，封他為太師，賜了很多銀兩，這事就完了。

但是有人就給崇禎皇帝打小報告，說不是那樣的，他出去吃喝玩樂，根本就沒打仗，他殺良冒功……等等。崇禎皇帝最受不了別人騙他。剛開始他只是用藉口把周延儒給撤了。後來是怎麼想怎麼窩火，受不了，又派人抓回來弄死了。

周延儒也是復社的一個大佬，就有人替他奔走營救，跑去跟崇禎皇帝講，他還是不錯的，不要把他怎麼樣。崇禎皇帝講了幾個字，說我就恨他奸猾，老騙我。然後這個人就跑去跟周延儒講，說皇上說了，就恨你奸猾。周延儒說，伺候這位爺，不奸猾行嗎？

周延儒死的時候也特逗，太監去傳旨，讓他自盡。太監去傳旨時，說雖然你有這麼這麼多罪過，但是看在你曾經當過閣老的份兒上，太監也壞，念到這裡時故意停下，但是看在你當過閣老的份兒上，大學士的份兒上，周延儒以為沒事了，把自己放過了。太監就接著念，賜令自盡。周延儒一聽這話，本能反應就起來了，拔腿就跑。後來幾個太監給他按住了，最後哪是自盡，實際上就是讓太監給弄死了。

從這件事情你就看得出來，崇禎皇帝是一個什麼性格的人。他就得出這口氣。總而言之，崇禎皇帝就是這麼一位爺。

崇禎在位的十七年，大學士整個大明王朝殺了四個，他一人殺了二個。兵部尚書十四個，他親手殺掉的五個人，四個人是革職、聽參、坐牢等。二品以上的大員，他親手幹掉了二十多人。甚至有一次，就是皇太極又禍害他，走了之後，他實在氣不過，抓了幾十個大臣押赴菜市口斬首。當時有大臣就在刑場上對他破口大罵。

要知道這在皇權時代，是很罕見的事情，駭人聽聞的事情，雷霆雨露莫非皇恩，殺你也是皇恩，殺你之前最後一個動作，讓你衝皇上的方向叩頭謝恩。但是在皇權社會，一個大臣對皇帝破口大罵，可見大臣對這個皇帝已經寒心到什麼程度了。就是說白了，你就是這麼一個人，我們幹活，幹好了、幹壞了，你對我們都不給好處；然後所有的責任你都不背，送死也我去，背黑鍋也我來，你連唐僧都不如；然後你還跟我使各種小性，用一種感性思維，跟我這麼玩，誰還對你好？這就是問題。

我還記得小時候，我爸在一個廠當廠長，有時候他們談工作，就在家裡當我的面談。有一次，我爸說了一句話，即使是中層幹部犯錯誤，當著普通工人的面也得支持中層幹部，不能當著普通工人批評中層幹部。

後來我找了一個機會問我爸，我說這不對呀，老師告訴我們，誰錯了就應該批評誰，你為什麼護著這中層幹部？明知道他有錯。我老爸說，以後誰替你幹活？你在普通工人面前滅了他的威信，以後誰還會為這個廠子盡責盡力？這是我人生官場學的第一課。

這個道理雖然很普通，但它是一個多麼重要的官場和權力常識，崇禎皇帝卻真的就沒有這個常識。那他沒有這個常識的結果是什麼？我們來看看大臣們跟他是怎麼玩的。

04 權力是一種臨時性平衡

既然你崇禎是這麼一個皇帝，刻薄寡恩，又溜肩膀、不擔責任，喜怒無常、感情用事，請問我們臣子該怎麼對待你？這裡面故事可就多了去了。但這裡刪繁就簡，講兩個人，一個是陳演，一個是魏藻德，是崇禎最後一任內閣的首輔和次輔。這時候已經到了大明王朝將傾的時候，是一六四四年的春天了。當時大家都還指望最後一支力量，就是吳三桂，關寧鐵騎如果回防，大明江山還有一搏。

有一天，崇禎皇帝就跟這兩個人說，要不我們把吳三桂調回來吧，但這兩人不支持。然後崇禎就支使著陳演，說你寫詔書。陳演拒絕了，不寫，找一堆理由不寫。崇禎皇帝也納悶，為什麼不寫？話說過了幾天，吳三桂那是多靈巧的人，人家自己就寫報告，說我乾脆回防吧，我是看門的，家裡已經亂套了，我乾脆回家打仗吧，我還在門口看什麼勁？好，那就把吳三桂調回來。崇禎皇帝跟這兩個寶貝兒說，現在你可以寫了吧？這兩個還是不寫，死活不吱聲。

這崇禎皇帝就納悶，為什麼不寫？陳演和魏藻德出了門之後，在門口就商量，說能寫嗎？不能寫。為什麼？萬一事後清兵打進來，北方丟了，就是因為我們兩個作的這個決策，讓吳三桂回防。要說他自己說，我們兩個千萬不能說，到最後人頭落地的還是我們哥兒倆，千萬不能寫。

當皇上就當到這個份兒上，已經到最後死都不知道怎麼死的，因為你不擔責任，我們何苦為你擔這個責任？

更戲劇性的一幕見於一本書，叫《洪業》，這是美國著名漢學家魏斐德寫的，也是講的這一段歷史。據說當時李自成圍城之後，派了一個曾經投降農民軍的宦官杜勳，回去跟崇禎皇帝談判。

要知道在皇權社會，你朱家已經當了兩百七十多年皇帝了，那個皇權的威勢還是在，畢竟我是造反的，好不容易打到天子腳下。李自成據說當時通過杜勳，給崇禎皇帝提了幾個條件，說這樣，我可以退回到山西和陝西，你把這塊割給我，我當西北王，然後我就承認你這個皇帝；第二個條件，你給我一百萬兩白銀；第三個條件，就是我為你幹點事，我幫你鎮壓其他的農民起義軍，我還幫你去北上抗清，你說好不好？

這個條件對於一個城下之盟來說，已經是優厚得不能再優厚了吧？崇禎皇帝看了這個條件之後，也是兩眼放光，趕緊把陳演、魏藻德叫來，說先生們，大勢已去，現在就定吧，一言可決之，你們倆趕緊說吧。這兩個面面相覷，說什麼呀？將來賣國都是我們倆的事，讓我們倆到菜市口報到去？不說，要定你定。

崇禎皇帝氣得當場就把龍椅給推翻了，你們兩個混蛋，還不說！後來為什麼說文臣皆可殺，文臣誤我等等，就是這些細節堆出來的。而且文臣到最後對於這個大明江山已經袖手旁觀到什麼程度，不是沒錢了嗎？沒錢打仗了，得用錢，錢哪裡來？你徵餉，民間已經搜刮殆盡了。崇禎皇帝說這麼著吧，你們大臣這麼多年，你別以為我不知道，你們都有錢，報效吧，大廈將傾，覆巢之下沒有完卵，自己拿銀子出來。陳演、魏藻德這兩哥兒們說，哎呀，真的是沒有錢呀，都是清官呀，我就差把我們家補釘衣服給穿出來，真沒錢。

這魏藻德說，我是首輔，我做個表率吧。魏藻德第二天掏了一百兩，打發叫化子，一百兩。這陳演幹得就更絕，陳演說，我沒錢是沒錢，但是您放心，我一定毀家紓難，砸鍋賣鐵也得把錢給你。然後回家他是怎麼砸鍋賣鐵的？據說當時好多人都這麼幹，直接回家拿一張紙，寫著此屋出售，貼大門上，就是我家賣了，賣不了幾個錢那不是我的事，反正我準備賣家，什麼時候成交，什麼時候交銀子。總而言之，現銀子我是沒有的。

這鬧劇已經演化到什麼程度？當時崇禎覺得靠這些文臣可能是沒指望了，打了十七年交道，也知道互相之間的不信任已經到了什麼程度。皇親國戚總可以吧？周皇后她老爹周奎，國丈，而且被封為嘉定伯，你這個時候應該做個表率吧，因為你算是皇家和文臣之間的一個中間地帶。崇禎就暗示他說，您掏十萬兩出來，這麼多年，我賞您的東西也遠遠不止這點。可把這周老爺子給愁壞了，說沒有，最近年景也不好，租子也收不上來，就是沒錢。最後實在沒辦法，一萬兩，再多打死沒有。後來太監就把這事告訴宮裡的周皇后，說妳爹死活只肯掏一萬兩。周皇后說這麼著吧，娘家親爹，你能怎麼辦？說我從私房錢裡，貼五千兩，你讓我爹無論如何湊兩萬兩，就是讓她爹再多掏五千兩。這太監偷偷摸摸把五千兩送到國丈府。國丈一看，又多五千兩，得了吧，我再來點回扣，最後國丈交了一萬三千兩，把皇后給的又昧了兩千兩。

你說沒準真就沒錢。哪裡是這麼回事。後來李自成進北京之後幹的第一件事，要錢，因為窮怕了的人，都是苦哈哈，就要錢，把所有北京城八百多個官員抓起來，然後打，給每個人下了任務，大學士多少兩，誰多少兩。最後打出來多少錢？魏藻德反正最後也是被打死了，但是打死歸打死，在他們家起出來幾萬兩。這陳演就更絕，打死也不給，後來就被打死了。打死之後上他們家去挖，在地窖底下挖出幾十萬兩。

當然還有更絕的，就是崇禎爺自己。他不是一直說內帑沒錢嗎，我們皇室內部已經沒錢了，最後起出來三千二百萬兩。我就不理解，這老朱家反正從萬曆開始就摳門，一直摳門，藏著銀子，就不肯往外放，這可能也是一種囤積心理，也是一種病。

就是這樣一個非常可笑的局面，到最後的關頭，你知道誰最慷慨嗎？太監，感動得崇禎皇帝直哭，太監一張一張銀票往皇帝身邊堆，因為我們是奴才，文官換一家繼續當官，我們沒辦法呀，太監真的是叫毀家紓難。崇禎皇帝氣得直咬牙，說外朝這些文臣還不如中官，不如我身邊的這些太監。當時文臣跟崇禎皇帝就是這個關係，我們倆沒交情，因為我幫你使勁，你不替我擋後路。

最悲慘的一幕，就是崇禎皇帝死之後。他的屍首跟周皇后的屍體，直接就排在東華門門口，幾天沒人給收屍，大小官員走在旁邊繞道走，跟沒看見一樣。最後是一個六品的主事，這個官員實在看不下去了，自己掏錢買了兩口柳木的薄棺，就是老百姓用的棺材，才給這兩口子收斂了。

李自成進京之後，原來這些官員什麼表現？我們再看陳演和魏藻德這兩哥兒們，其中有一個哥兒們，看見李自成騎著大馬要進京了，趴在地上山呼萬歲，終於盼到明君了。然後李自成不理他，大兵就過去了，這兒還衝著背影喊萬歲。尤其是這兩哥兒們聯手去見李自成，說我們倆是有身分的人，我們見見你。

李自成看見說，你們倆怎麼不死，你們不是當官的嗎？你們有學問，不是孔夫子教出來的嗎，應該殉國才對呀。我們哪能死？有您這聖主在朝，我們要為您報效，我們倆怎麼能死？

當然，我們可以指責這些士大夫無恥，很多人都說明代士風不好，士大夫無恥。可是你真的看後來的歷史，清軍南下的時候，在揚州、在江南，那些士大夫們，什麼闔門投火而死，闔門投繯而死，很多。儒家教育幾百年，那不是白玩的，有氣節的忠君人士很多。可唯獨在北京城，在崇禎皇帝身邊的這些士大夫，你死歸你死，我要好好活，你說這又說明了什麼？你能說晚明一代士風就一定是很敗壞的嗎？不是。

問題的根子，我們還是得從崇禎皇帝自己身上找，正是因為你十七年的執政，讓君臣離心，你的一系列行為，雖然你自己以為符合儒家的一切聖君的標準，但是你喪失了和群臣之間基本的信任共識。

我終於明白崇禎為什麼不跑了，因為沒有人支持他跑。不管是跑，還是跟李自成達成任何城下之盟，不管你作出多少暗示，所有的下級官員就在旁邊，心裡都明鏡似的，就看著你不張那個嘴。因為他們知道，一旦他們幫你了，你回頭就會把黑鍋扣他們頭上。請問，誰還去幫你幹這件事情？就是這麼一個可笑的場景，導致了崇禎皇帝到最後也沒有機會離開北京城一步。

最後說一段題外話，就是西歐的海盜。海盜這個職業是沒有任何正當性的，可是海盜為了創造正當性，他們有一個理由。每當劫得一艘船之後，馬上把船長抓起來，問原來這艘船上的船員，你們說，這個船長原來有沒有欺負過你？如果大家說這個船長是個壞船長，現在就給宰了。如果大家覺得是一個好船長，我們給他放了。真的還有船長被海盜抓了，調查之後海盜覺得這是個好船長，還送了一艘船給他，又讓這個船長繼續當船長，西歐歷史上真發生過這樣的事。

為什麼說這個場景？我們想說權力這個問題，什麼是權力？中國人一直認為，權力是一個穩固的結構，這是一個必須去討好的威權。哪裡是這麼回事？都是人類社會，權力是什麼？

權力是一種臨時性的平衡態，權力是君臣之間、上下級之間達成的一種共識。

在平時，沒有外在的風險，大明王朝還是一統江山、鐵桶江山的時候，你可以作威作福，大發淫威，摧折你的士氣，淫辱你的手下，這沒有問題。可是當風雨飄搖的時候，在崇禎十七年那樣的狀況下，你還去摧折你的臣下，然後破壞已經達成的上下級的權力共識的時候，請問權力這個時候還是權力嗎？

就像在現在的企業裡面，我們也分明能夠看到兩種企業。一種企業，老闆絕對不許員工在公司叫自己的名字，或者是王總、李總，一律叫自己的小名或者是花名，為了營造一種平等的氛圍，千方百計地去討好自己的手下，安撫他們的心情。

還有一種企業，我也親眼看見，我在一個主管的辦公室裡跟他聊天，小秘書進來倒水那個動作，就讓我想起了一隻貓，一隻特別靈巧的貓，走在地上完全沒有聲音，偷偷摸摸把一杯涼掉的水換成一杯溫熱的水；然後過二十分鐘，非常準時，又進來換一杯溫熱的水。在那個辦公室裡，你能感受到一種分明的、濃烈的權力的氣味。

羅胖人物書清單

1. 《巴黎．和會：締造和平還是重啟戰爭？重塑世界新秩序的關鍵180天》
● 瑪格蕾特．麥克米蘭 著
● 二〇一九年，麥田

2. 《羅斯福：獅子與狐狸》
● 詹姆斯．麥格雷戈．伯恩斯
● 二〇一一年，國際文化出版公司

3. 《艾倫．圖靈傳》
● 安德魯．霍奇斯 著
● 二〇一七年，時報出版

4. 《光榮與夢想：一九三二～一九七二年美國社會實錄》
● 威廉．曼徹斯特 著
● 二〇一五年，中信出版集團

5. 《天皇的皇上有五顆星：麥克阿瑟如何改造日本》
● 俞天任 著
● 二〇一三年，東方出版社

6.《領導力：曼聯功勳教練佛格森38年管理心得》
●亞歷克斯・佛格森、邁克爾・莫里茨 著
●二〇一六年，中國友誼出版公司

7.《龍床：明六帝紀》
●李潔非 著
●二〇一三年，人民文學出版社

8.《萬曆十五年》
●黃仁宇 著
●一九八五年，食貨

9.《大明亡國史：崇禎皇帝傳》
●苗棣 著
●二〇一五年，大旗出版社

10.《洪業：滿清外來政權 如何君臨中國（上、中、下）》
●魏斐德 著
●二〇〇三年，時英

我的人物書清單

列下你未來半年的讀書清單吧！

羅胖，和你一起終身學習！

國家圖書館出版品預行編目資料

別人迷茫的時候，你前進！：羅輯思維【人物篇】/ 羅振宇 著；--初版.--臺北市：平安文化,
2022.04
面；公分. --(平安叢書；第714種)(我思；11)
ISBN 978-986-5596-73-6 (平裝)

1.CST: 世界傳記 2.CST: 通俗作品

781 111002414

平安叢書第0714種

我思 11

別人迷茫的時候，你前進！

羅輯思維【人物篇】

《羅輯思維【人物篇】》：文化部部版臺陸字第110376號；許可期間自111年4月1日起至116年3月31日止。

作　　者—羅振宇
發 行 人—平雲
出版發行—平安文化有限公司
台北市敦化北路120巷50號
電話◎02-27168888
郵撥帳號◎18420815號
皇冠出版社(香港)有限公司
香港銅鑼灣道180號百樂商業中心
19樓1903室
電話◎2529-1778　傳真◎2527-0904
總 編 輯—許婷婷
執行主編—平靜
責任編輯—蔡維鋼
行銷企劃—薛晴方
美術設計—兒日設計、李偉涵
著作完成日期—2020年
初版一刷日期—2022年04月

法律顧問—王惠光律師

讀者服務傳真專線◎02-27150507
電腦編號◎576011
ISBN◎ 978-986-5596-73-6
Printed in Taiwan
本書定價◎新台幣380元/港幣127元